Herausgegeben von Norbert Klose

Nicolas E. Ryhiner

Impromptu nach Spillmann

Geschichten vom Rheinsprung

Buchverlag der Basler Zeitung

Historische Quellen:

Basler Nachrichten
National-Zeitung

Basler Almanach, Eugen A. Meier,
Buchverlag Basler Zeitung 1988

Chroniken des Basler Staatsarchivs

© 1998 Norbert Klose, Basel
Satz, Litho, Druck: Basler Zeitung
Umschlagbild: Fifo Stricker
Printed in Switzerland
ISBN 3-85815-340-0

Für H.U. Spillmann
9. August 1998

von Lucy, Ruth und Danny

Vorwort

Schon mehr als zehn Jahre beschäftige ich mich mit dem Gedanken, die wundersamen Geschichten der Familie Spillmann aufzuzeichnen.

Im Laufe der Zeit sind neue Episoden dazugekommen.

Welcher Zeitpunkt eignet sich nun besser zur Veröffentlichung als der achtzigste Geburtstag von Hansueli Spillmann, dem dieses Buch von seinen Kindern gewidmet wird, damit wir einen kleinen Dank zurückgeben können für seine Weisheiten – getreu seinem Lebensmotto: Leben und leben lassen.

Zusammen mit ihm haben dankenswerterweise die Töchter Lucie, Ruth und Daniela in stundenlangen Sitzungen das Material zusammengetragen, das so nun in phantasievoller Form auch für unsere Kinder erhalten ist.

Mein Freund Nicolas E. Ryhiner hat aus der Vielzahl des vorliegenden Materials die verschiedensten Geschichten gleich einer Perlschnur aneinandergereiht.

Ziel ist es, den geneigten Leser auf einen Familienausflug zu führen, auf dem er nie so ganz zwischen Dichtung und Wahrheit, Realität und Phantasie unterscheiden kann.

Mit unterschiedlichen Stilmitteln werden Geschichten aus dem Leben erzählt, scheinbar kritische

Tatsachen, Träume und Sehnsüchte – aber immer von Menschen, Männern und Frauen und besonders um die ach so schwierige Kombination davon.

Unser Freund Fifo Stricker zeichnet im wahrsten Sinne des Wortes für den Umschlagentwurf verantwortlich und stimmt schon damit den Leser auf die wundersame Welt am Rheinsprung in Basel ein.

Zuletzt und dafür um so herzlicher sei posthum Trudy Spillmann genannt, der im Sinne des Buches mehr geschuldet wird als nur Dank.

Basel im August 1998   Norbert Klose

Kennst du die Geschichte vom Pelzmantel? Mama hatte von Opa einen Pelzmantel geschenkt bekommen. Einen Nerz hatte sie gekriegt, von ihrem eigenen Papa. Sie ging damit zur anderen Oma an den Rheinsprung und zeigte sich bei ihr. Oma sagte: «Zieh ihn aus, zieh ihn sofort aus. Ich trage hier die Pelze!»

Das Haus am Rheinsprung gleicht einer Trutzburg am Brückenkopf. Bei drohender Gefahr könnte man die Mittlere Brücke von dort aus hochziehen.

Das zweite Haus kam erst später dazu. Wie alle Verwaltungsgebäude von Trutzburgen so wurde auch dieses in der Zeit des Wirtschaftswunders gebaut. In den unteren Stockwerken auf merkwürdige Weise mit dem Mutterhaus verbunden, waren die oberen Stockwerke versetzt zueinander errichtet worden. Und, als Oma dann allein war, oder als Tante Käthi einmal krank war, als sie das Bein gebrochen hatte oder den Arm, da schlug man oben ein Loch in die Wand. Darüber hängte man einen Lappen, einen Stoffetzen, und da war dann diese fürchterlich gefährliche Treppe, um ins andere Haus hinüberzugelangen. Eine der beiden alten Frauen würde dort bestimmt noch eines Tages hinunterstürzen.

Der Gastbetrieb reichte seit jeher ins andere Haus hinüber, weit hinein, unterirdisch zum Hügel hin und vorne dem Rheinufer entlang, mit Aussicht. Das muss früher schon so gewesen sein. Da muss schon vor dem Neubau hier ein Haus gestanden haben, das röhrenartig den Caféhausfortsatz vom Brückenkopf her zu sich hinein verlängerte. Denn da, wo heute die Küche ist, war früher so ein kleiner Raum für die Künstler. Dann kamen die Toiletten. Hinten war der Läckerli-Raum, aber da war auch diese Stube, abgetrennt mit einem Paravent. Dort durften die Schauspieler ihre Suppe essen, gratis. Bei der Oma.

Als Ruth neun Jahre alt war, sagte Oma: «Die wird später einmal den Laden übernehmen. Sie hat kalte Hände!» Daraufhin durfte Ruth als einzige in der Familie den Pralinenberg unter der Glashaube im Laden neu stapeln. Nur sie durfte und die Angestellten, die vorschriftsgemäss auch alle kalte Hände haben mussten. Ruth ist heute leider Physiotherapeutin von Beruf. In ihrer Praxis stellt sie ausschliesslich Leute ein, die warme Hände haben.

Quatsch, Wirtschaftswunder. Nichts da, Verwaltungsgebäude. Der angebaute neuere Hausteil stammt, im Gegenteil, aus der Zeit der Depression. Er wirkt lediglich wie ein «Block» aus den fünfziger Jahren, neben dem Haus Rheinsprung 1, das 1913 vom Architekten Emil Faesch gebaut wurde.

Papa war am Grab von Oma. Er sagte, Oma liege da im Grab, Freddy, Käthi, und ein gewisser Robert, ein Bruder, liege da auch. Ein Halbbruder muss das gewesen sein von Oma und war bei dieser Grippeepidemie gestorben. Dann, natürlich, liegt da auch Grossvater, der Confiseur. Der hatte eine Hummel geheiratet. Rosa Hummel, die hatte eine Schwester, auch eine Hummel, allem Anschein nach. Daraus entstand der Meidinger-Zweig, Hummel-Meidinger, nicht etwa Wittich-Meidinger, denn dann wäre sie eine Halbschwester von Oma gewesen. Grossmutter Wittich hiess nur Grossmutter Wittich und war Omas Mutter, die vorher Hummel geheissen und noch einmal geheiratet hatte. Sie hiess auch nicht Grossmutter Erler, obwohl sie früher Erler geheissen hatte. Grossmutter Wittich hatte mindestens drei oder vier Ehemänner, im allermindesten Fall sogar, und war eine ganz deftige Person. Alle hatte sie unter den Erdboden gebracht. Alle. Am Schluss heiratete sie ihre grosse Liebe, das war dann die unglücklichste aller ihrer Ehen, einen Briefträger. Den hatte sie die ganze Zeit über geliebt, doch das war nicht standesgemäss gewesen, Briefträger. Also brachte sie vorher noch diese drei anderen Männer durch, Hummel, Erler, Wittich, und heiratete ihren Briefträger. Aus Liebe, aber total unglücklich, diese Ehe. Zu spät hatte sie den einfach gekriegt, zu spät.

Grossvater, der Confiseur, verbrachte seinen arbeitsfreien Tag, den Sonntag, immer in der Badewanne.

Meidinger war ein Bayer. Er trank jeden Tag einen ganzen Kasten Bier und hatte ein gutgehendes Geschäft. Seine Hermine gab ihm das nötige Geld heraus, wenn er etwas brauchte. Er kam eines Abends heim und sagte: «Frau, ich hab' dir ein Schloss gekauft!»

Und wenn die Meidinger doch eine geborene Wittich gewesen wäre? Eine Erler war sie bestimmt

11

nicht. Doch dann wären sie keine direkten Schwestern gewesen. Und sie waren direkte Schwestern. Die Verbindungen in der Familie kennt der Papa alle noch. Man muss hingehen und ihn fragen: «Papa, woher kommen wir?»

Die drei Schwestern sitzen abends bei der dritten Flasche Wein am Küchentisch und fragen sich: Wie verhält es sich denn mit den Fuchs-Meidinger, den Klainguti, den Bueche? Alle hatten sie etwas mit dem Schloss Wartenfels zu tun, das der Meidinger damals gekauft hatte. Es hatte einen traumhaft schönen Garten und ein Schwimmbad, das in den Fels gehauen war. Und von den Jungen hatten sie gewusst, dass sie für eine spätere Heirat nicht in Frage gekommen wären. Also mussten es Verwandte gewesen sein.

Die Tochter Bueche heiratete einen Reinecke, wie Fuchs, nur Reinecke.

Ein älterer Fuchs soll sich in seinen jungen Jahren an einem lauen Sommerabend in den lauschigen Terrassengärten so unsterblich, wie es im Leben, Gott sei Dank, nur einmal eine Unsterblichkeit gibt, in eine Nürnberger Ursel verliebt haben. Er habe von jenem Abend an über sechzig Jahre lang eine Fahrradtour nach Nürnberg geplant, die er vor kurzem aus Altersgründen habe absagen müssen.

Hänsel und Gretel waren die zähnefletschenden Wächter am Loch in der Wand, das hinüber in den anderen Haustrakt führte. Die beiden Höllenhunde wa-

12

ren willige Vollstrecker der Mächte des Bösen, die im Dunkel mancher Nächte und zuweilen auch an schwarzen Tagen drüben walteten. Sie waren Träger von Geheimnissen, über die die Menschen, die sie umgaben, nicht zu sprechen wagten. Sie konnten nichts als kläffen, die beiden Dackel von Tante Käthi.

Als er nach Jahren die Wahrheit erfuhr, war sein erster Gedanke, dass keiner wissen dürfe, dass er es weiss.

Auf dem mittleren Brückenpfeiler steht das Käppelijoch. Ursprünglich diente die Wegkapelle aus rotem Sandstein technisch zur Belastung des fünften Brückenjochs. Bald aber hatte sich die Justiz das schmucke Türmchen an bester Passantenlage für ihre Zwecke ausersehen. «Mitten auf der Brücke, über der Thür» steht in einem einschlägigen Bericht aus der Zeit geschrieben, sei ein steinernes Bild angebracht, «dort hin man die öffentlichen liederlichen Weibspersonen, die man aus der Stadt jaget, führet und also beschimpfet». Das Käppelijoch diente als Pranger und als Ort für öffentliche Exekutionen. Verbrecher wurden «in ein Fass geschlagen» und in den Rhein geworfen. Als wahrer Publikumsrenner erwiesen sich die öffentlichen Schwemmungen von Kindsmörderinnen, unzüchtigen Weibsbildern oder von Ehebrechern. Ihnen wurden Hände und Füsse gebunden und – hopp! über die Brüstung – wurden sie in den reissenden Strom geworfen. Vom Oberknecht mit einem Weidling bis zum Thomasturm begleitet, wurden sie dort aus den Fluten gefischt. Hatten sie bis dahin ihre

13

Hinrichtung überlebt, so war es «Gottes Wille gewesen, das arme Mensch zu befreien», und man liess sie mit scharfen Ermahnungen laufen. Die weniger Glücklichen unter ihnen wurden dem Totengräber übergeben.

Mit hässlich verzogener Fratze, die Zunge verächtlich zum anderen Ufer hin weit ausgestreckt, ist an der Hausfassade auf der gegenüberliegenden Strassenseite der Kopf des «Lällekeenig» angebracht. Ursprünglich hing er am alten Rheintor.

Im Café hing über der Tür beim Ausgang der Teufel.

Eines Tages steht Papa vom Tisch auf und sagt: «So. Jetzt gehe ich!»

Die Fassade hält, die Trutzburg steht, nur ein Loch in der Wand zwischen den beiden Häusern und eine gefährliche Treppe dazwischen.

«Mama, geh du doch! Tu's!»

Mama war sechzehn, als sie Papa kennenlernte. Als sie zwölf war, hatte ihre Mutter sie verlassen und war nach Paris gezogen. Nie im Leben würde sie selbst also ihre Töchter verlassen.

Mann, Frau. Das ist immer ein Kampf. Im Grunde hat einer gar keine Chance, allein gegen vier Frauen. Wenn er überleben will in der Familie, muss er sich Muster zurechtlegen, ein Leben lang. Aber das kann er dann nur mal von Mann zu Mann besprechen.

Im Film «Rashomon» von Akira Kurosawa wird die selbe Geschichte aus verschiedenen Blickwinkeln mehrmals hintereinander erzählt. Aus der jeweiligen Sicht der drei Protagonisten erst, dann aus der Sicht eines Zeugen, der zum Schluss allerdings seine Version revidiert, weil er beim ersten Mal Grund hatte, nicht die Wahrheit zu sagen. Aus den gleichen Elementen und vom selben Vorfall wird mit jedem Mal eine völlig andere Geschichte erzählt.

Mit schonungsloser Offenheit die eigenen Schwächen eingestehen. Sich nie helfen lassen. Immer für andere da sein. Sein Licht unter den Scheffel stellen. Stärke vortäuschen. Gelassenheit. Schweigen. Seine gottverdammte Pflicht tun. Einmal richtig seine Meinung sagen. Laut werden. Gras drüber wachsen lassen. Arbeiten, arbeiten und nochmal: arbeiten. Das Leben geniessen. Lachen. Alles verherrlichen. Streiten, bis einem das Blut in den Kopf schiesst. Dazu stehen. Flüchten. Da sein. Alles über den Haufen werfen. Seinen Prinzipen treu bleiben.

Im Haus am Rheinsprung wird doppelt verdient: Es ist wie beim Mühlespiel, wenn man eine Zwickmühle errichtet hat. Unten werden Süsswaren verkauft, und oben betreibt man eine Zahnarztpraxis.

Und der andere Opa? Distanz, Respekt, Erdöl. Hitler wollte sein Erdöl haben, wollte Geschäfte treiben mit ihm. Nein, liess er diesen wissen, das komme nicht in Frage. Ein kühler Rechner war er und gleichzeitig ein kühner Spekulant, denn auf seine Absage hin war ihm im Konzentrationslager bei Allschwil, das für den Fall eines Einmarsches der Deutschen in die Schweiz geplant war, bereits ein Platz sicher.

Er hatte eine wunderschöne Frau. Mit sechzig hatte die noch Beine, hatte Haare und einen Busen, dass es jeder Sechzehnjährigen vor Neid den Atem verschlug. Und wollüstig war sie auch, mit Wagner soll sie ein Verhältnis gehabt haben und so weiter, und so fort. Dann kam der Kosmetiksalon in Paris, den sie mit dieser Ägypterin führte. Totale Epilation, das war ihr Geschäft. Das Rezept dazu nahm die Partnerin leider mit ins Grab, und Oma kannte es nicht.

Mama war erst zwölf gewesen und war zu Hause zurückgelassen worden. Daran litt sie bis zu ihrem Tod.

Diese Oma kam dann ins KZ. Die Deutschen schlugen ihr die Zähne heraus, die Goldzähne. Dann kamen die Russen und befreiten sie. Sie sah diese Russen ins Gefängnis hereinkommen. Das waren ihre Befreier. Die Russen gaben ihr den Schlüssel mit. Den durfte sie behalten.

Opa war Zeit seines Lebens amerikanophil; Oma russophil. Deutschphil war keiner.

Ruth mit den kalten Händen, die schon mit neun im Laden stand und Pralinen verkaufte, ist die Mittlere. Lucie, die Ältere, war ein Problem und Daniela, die Jüngere, ein Clown. Vermittlerin zwischen den Welten stand Ruth aber auch in der Mitte zwischen Opa und Oma, zwischen Amerika und Russland. Zwischen Papa und Mama war sie Mittlerin: Sie sah aus wie Mama, wenn es sein musste. Sie hatte ihre Bewegungen und ihren Blick, nahm ihre Stimme an und war diejenige, die für sie einstand bei Papa, wenn die Luft im Haus einmal dick war und die Nebel sich senkten über dem Rhein.

Die Trutzburg hat auf nächtlichen Postkartenbildern etwas von einem Weihnachts-Kalenderhaus. Das Fenster vom 24. Dezember gibt den Blick frei auf einen nackten Schokoladen-Putto, der, von Fred in roten Samt verpackt und mit Goldstaub gepudert, in seiner Wiege liegt.

Es liesse sich aus der Geschichte der Spillmann anhand des Hauses am Rheinsprung eine Soap-opera mit tausendundeiner Folge schreiben. Der zentrale Punkt wären die wöchentlichen Mittagessen der versammelten Familie im hinteren Teil des heutigen Restaurants. Alle Generationen sind da vertreten und wechselnde Zugewandte. Treue Freunde sind dabei, Faktoten und der Geist des Hauses. Mal könnte man von Lucie schreiben, die früher ein Problem war und jetzt mit ihrem Peter das Geschäft führt, oder von Daniela, die immer noch ein Clown ist und ihren Klose geheiratet hat. Allein schon aus deren beider Ehever-

17

bindungen heraus gibt es haufenweise Geschichten. Sie haben Kinder aller Grössen, mit jeweils wieder eigenen Geschichten, die ihrerseits Stoff für Hunderte von Folgen hergäben. Wie früher im Puppenhaus, so liessen sich mit Spillmann-Figuren am Rheinsprung heutige Märchen erzählen, die eigentlich Geschichten aus dem wahren Leben sind. Die Ausgangslage wäre optimal: Da gibt es Ruth, die im zweiten Stock ihre Physiotherapie-Praxis führt. Bestimmt liessen sich dort wahre menschliche Tragödien finden für die ernsteren Folgen. Slapstick-Stoff käme aus Danielas Strickwaren-Boutique im Erdgeschoss, Melodramen aus der Schönheitsfarm im ersten Stock, Krimis aus dem Kürschner-Geschäft und Liebesaffären aus Vaters Zahnarztpraxis. Und dann müsste alles auch in wechselnder Besetzung stattfinden, damit es die geplanten, mehr als tausend Folgen über nicht langweilig würde.

Eine andere Möglichkeit, etwas aufwendiger, allerdings, wäre die klassische Familiensaga im Edelformat fürs Hauptprogramm um zwanzig Uhr. Irgendwann im letzten Jahrhundert, zur Zeit der neuen Eisenbahnlinien, würde die Geschichte ihren Anfang nehmen. Eine starke Geschäftsfrau im bodenlangen schwarzen Kleid würde lachend den soeben mit der Deutschen Bahn unterschriebenen Kaufvertrag für das Bauland am Landhof durch die Luft schwenken und ihren Widersachern, denen sie mit diesem Geschäft zuvorgekommen war, im Zunfthaus zum Schlüssel provokativ den Rauch ihrer Cigarre ins Gesicht blasen. Damit würde das erste Kapitel über

Grossmutter Wittichs Reichtum und Einfluss beginnen. Weitere kostspielige, weil historische Folgen, würden im nachgebauten Café Koch «au bord du Rhin» gedreht werden müssen, wo Grossvater Spillmann seine Lehre als Confiseur absolvierte. Später sollte ja, mit der tatkräftigen – auch finanziellen – Unterstützung durch Grossmutter Wittich, der Betrieb zu dessen eigenen «Café Spillmann» werden. (Tatkräftig deshalb, weil sie ihm ihre Tochter zur Frau gab und finanziell, weil sie das Haus am Rheinsprung kaufte und den Neubau der Trutzburg ermöglichte.) Dann würden nicht minder teure, weil von der Ausstattung und den echten Kostümen her äusserst aufwendige Folgen über Fred Spillmann und dessen Salon de Haute Couture gedreht werden müssen. Freds extravaganter Lebensstil und der illustre Kreis seiner Kundinnen und Freunde würde diese Teile wohl zu den aufwendigsten, aber auch zu den publikumswirksamsten machen. Einnahmen aus der Unterbrecherwerbung könnten hier die hohen Produktionskosten leicht wettmachen. Auch wenn im Café Spillmann bei den Grosseltern dann und wann V.I.P.s wie die Königin Wilhelmina von Holland erschienen waren, so ist es doch weit mehr die Glamour-Welt gewisser Kundinnen Freds, einer Grace Kelly, einer Mistinguette zum Beispiel oder einer Josephine Baker, die die attraktiven Drehbücher zu dieser Saga hergeben würden.

Trutzburg, ja. Aber aus Tortenteig.

Die Angst, nach einem ausserehelichen sexuellen Abenteuer, haltlos zu werden: Wie das erste Praliné, das die Lust auf andere Sorten und noch mehr Schokolade erst weckt.

Freddy sorgte für seine kranke Mutter, als sie alt war. Wenn sie hinfiel, schleppte er sie in ihr Bett und sagte: «Dumme Kuh, was fliegst du hin? Hast wieder Zucker gefressen?» Darauf antwortete sie: «Geht dich einen Dreck an, was ich fress'!» Und er: «Ach, halt doch deine blöde Klappe!»

Sie hatte einen viel zu hohen Cholesterin-Spiegel und war auf Diät. Während des Essens hatte sie einen grossen Teller Kroketten neben sich stehen und stopfte der kleinen Ruth eine nach der anderen in den Mund. Fred ertappte seine Mutter, als sie sich nach dem Essen selber über die restlichen Kroketten hermachen wollte. Er nahm die volle Sahneschüssel und knallte sie auf den Tisch. Alle wurden vollgespritzt mit dem süssen, klebrigen Schnee, der durch die Luft flog.
«Dumme Metze, was glaubst du, dich werde ich noch einmal durchs halbe Haus schleppen!»

Sie hatte es naturgemäss mit dem Herzen, sie war zu schwer. Eigentlich war sie ja kugelrund. Mit einem Korsett schnürte sie ihr Übergewicht in eine Form, bis nur noch eine stattliche Frau übrigblieb.

Nach dem Vorfall mit der Sahne blähte sie ihre Wangen auf, stand vom Tisch auf und verschwand in ihrem Zimmer. Fred stampfte wutentbrannt hinterher und knallte die Tür zu seinem Zimmer hinter sich zu.

Jemand wollte vermitteln, klopfte leise an die Türen. Die beiden lachten wie die Verrückten: «Gell, da war ganz schön was los, vorhin!»

Der Teufel, meint Lucie, hing gar nicht im Café, sondern in Papas Zimmer über der Tür. Dort musste man durch, um zu Oma zu gelangen. Der Teufel mit den Widderhörnern grinste hämisch, wenn man unter ihm stand. Man lief Gefahr, dass er einem hinterrücks am Genick packte, wenn man weiterlief.

Lucie hatte Asthma. Der Wirt vom «Lällekeenig» sagte, das habe sie wegen der Grossmutter.

Oma hatte ganze Schubladen voll von Bonbons und anderen Zuckerwaren, die sie für alle Fälle bereithielt. Als Ruth, die ja die kalten Hände hatte, bei ihr zu Gast war, richtete sie ihr am Bett ein Schlaraffenland ein. Auf dem Nachttisch stapelte sie Esswaren auf Tellern: Wiener Würste, Kartoffelstock, Schokolade, Torten und Waffeln, Kuchen und Brötchen.

Als sie das dicke Kind an ihr vorbeiwatscheln sah, sagte sie: «Das gibt einmal eine tüchtige Geschäftsfrau!»

Jeden Sonntag: Sonntagsessen. Die grossen Auftritte im Faltenjupe.

Opa Konditor mit den grossen Pranken und den winzigen Knöpfen am weissen Kittel. Mit hochrotem Kopf stand er in der Küche und wartete darauf, dass

21

Oma endlich zum Essen kam. Um halb eins wird angerichtet. Basta! Hinter dem Vorhang zum Café stand er und musste zusehen, wie Oma vorne an der Kasse eine Kundin nach der anderen in endlose Gespräche verwickelte. So was konnte ihn zur Weissglut bringen.

Rollen auf Geleisen, die Eltern legen: Das Problemkind, die Pflegeleichte, das Nesthäkchen.

Alle spielen wir Rollen, unser ganzes Leben lang. Wer es weiss, ist glücklich.

Am Schulbesuchstag setzt sich Mutter in der Pause mit dem Lehrer aufs Pult. Sie rauchen eine Marlboro. Mehr kann kein Kind vorweisen.

Wohin geht die Lebensenergie einer starken, grosszügigen, schönen und frohen Frau (deren inneres Wesen eigentlich unabhängig ist), wenn sie sich für ihre Familie entscheidet, für die Ehe? – In die Perfektionierung des Haushaltes. Da hält sie die Zügel fest in der Hand, wie auch in der Erziehung der Kinder.

Bei Dressurprüfungen der Kategorien M (mittel) und S (schwer) ist die Kandare vorgeschrieben. Zusätzlich zur flexiblen Trense hat das Pferd hierbei eine starre Gebisstange als Zaum. Auf diese Weise kann der Reiter zusätzlichen Druck auf seinen Schützling ausüben. Die festliche Kleidung (cravate blanche, Zylinder und polierte Lackstiefel) ist reglementiert und wird in die Bewertung genauso mit einbezogen, wie die Darmaktivität des Pferdes. Windgeräusche und während des Parcours produzierte Pferdeäpfel werden mit Punkteabzug geahndet.

Die Kinder hatten im Salon nichts zu suchen. Der Salon war für die Erwachsenen reserviert. Mutter hatte die Fauteuils und Sofas alle mit weissen Stoffen überziehen lassen, auf denen man jeden Fleck sehen konnte. Sie sah es an den kleinen Fussabdrücken auf dem Teppich, wenn wieder ein Kind unerlaubterweise im Wohnzimmer gewesen war.

Gefangengehalten werden von sich selbst: Da lachen ja die Hühner! Aber probier's mal – es funktioniert! Die halbe Menschheit leidet darunter.

Perfekt: Die Wäschestücke Ecke auf Ecke im Schrank gestapelt, nach Grösse, Form und Farbe.

Wenn Vater den Töchtern eine Gutenachtgeschichte erzählte, dann von Helden aus Schweizer Sagen. Anschliessend wurde gebetet und ganz still im Bett gelegen, damit einem nicht ein Krokodil die Füsse frass.

Die Kinder fürchteten sich vor Fred. Bei Tisch hatten sie artig die Hände auf dem Tisch zu halten und zu schweigen. Dafür kriegten seine Leibhunde, eine Bulldogge, ein Chihuahua, ein Pekinese und ein Pudel, unter dem Tisch Fusstritte ab, bis sie nach den Mädchenbeinen schnappten. Dann konnte man lautstark protestieren.

Erst nach ihrer Konfirmation, als sie zu Debütantinnen herangewachsen waren, die zu Ilse Bickel in die Eisfabrik im Klingental zur Tanzschule gingen, begann Fred, sich für die Mädchen zu interessieren. Er konnte sich jetzt vorstellen, sie einzukleiden.

Ruth fühlte sich noch immer von ihm abgelehnt und beklagte sich.
«Bist eine saublöde Metze!» war Freds Antwort. Damit war sie initiiert. Von jenem Tag an war alles anders, und ihre Beziehung konnte zu einer herzlichen gegenseitigen Zuneigung reifen.

Ein Paradiesvogel, wie Fred einer war, wollte Daniela auch einmal werden. Sie blieb an seinen ausschweifenden Parties auch dann noch sitzen und schaute zu, als Fred ihr ein Taxi bestellt hatte und sie wegschicken wollte. Dann erst würde es nämlich richtig spannend werden.

Käthi war die mit den Giftdackeln. Zu Weihnachten schenkte sie allen eine Seife und war so dick, dass nur Fred sie einkleiden konnte.

Im Sommer ging's nach Weggis, ins Haus am See. Grossmutter nahm jeweils den halben Laden mit. Eine Köchin, einige Mädchen aus dem Service, Anna, das Kindermädchen, und die beste Ware aus den Kühlschränken und Schaukästen. Fred, Péghy und der weitere Hofstaat mit den Hunden und auch Käthi mit den kleinen toxischen Monstern waren jeweils mit von der Partie. Die kleine Lucie mit dem Asthma war im Wohnwagen vor dem Haus untergebracht. Oder man musste sie im «Rössli» einquartieren, manchmal im Parkhotel. Ob man das Kind nicht irgendwie desensibilisieren sollte, mit seiner Hundeallergie?

Als kleines Mädchen mochte Lucie Fred nicht leiden, wegen der Hunde, die er immer um sich hatte. Eine besondere Nähe zwischen den beiden entwickelte sich erst in Freds letzten Jahren, als er an einem Emphysem litt und wie Lucie eine kleine Pumpe für die Lunge bei sich tragen musste.

Es gab in Weggis einen hölzernen Anzeigekasten fürs Personal, in dem hinter Glasscheiben Metalltäfelchen elektrisch hochschnellten, wenn man in einem Zimmer die Klingel betätigte.

Man durfte bei Anna in der Küche mit dem Finger in die Schüssel mit der Kartoffelpüree hineinlangen. Ausnahmsweise, weil man die Bevorzugte war. Es erwies sich, dass jede die Bevorzugte war, denn jede durfte, wenn sie zu Anna in die Küche kam.

Und es gab genügend Personal, dass Papa mit seiner halben Kompanie, sagen wir mit 20 oder 30 Offizieren, anrücken konnte, und die wurden alle fürstlich bewirtet.

Waschzuber, Giesskannen und Nachttöpfe. Betten, so hoch wie Reitpferde, darauf zwei Matratzen und die dicksten Pfulmen, die ein Mensch noch ertragen kann, ohne zu ersticken.

Wenn man am Morgen zu den Betten hinausglitt, trat man in die randvollen Nachttöpfe hinein.

Tante Käthi thronte die Woche über in ihrem Bett. Mit zerzaustem Haar und stets im Morgenrock bekleidet, schlurfte sie durch die Gänge. Bis am Freitag abend sich Max ankündigte, der die Woche über seiner Arbeit in Basel nachging. Dann wusch sie sich die Haare, schminkte sich und stürzte sich in ihr schönstes Kleid. Als Max, völlig geschafft von der Arbeit und der Autofahrt, in Weggis ankam, schwebte sie die Treppen hinunter, packte den Mann und verschwand mit ihm im Zimmer. Dann hörte man ein anhaltendes dumpfes Rumpeln durchs Haus schallen, und nach einer halben Stunde erschien sie wieder mit zerzaustem Haar und im Morgenmantel, den sie bis zum folgenden Freitag nicht mehr auszog.

Kein Zimmermann überlebte, keine noch so niedliche Maus, nicht ein einziges Käferchen, keine Milbe, keine Wanze, kein Floh, Motten nicht und Fliegen nicht, auch Bremsen, Kellerasseln, Ameisen, Falter und Mücken nicht; kein einziges Tier, niederer als ein Hund, überlebte, wenn Mama ihre Putzschübe erlitt. Und in Weggis gab es weiss Gott viel Ungeziefer. Proteste der buddhistischen Vertretung quittierte sie mit Spott. Von wegen, Inkarnation, patsch, plitsch, so

26

ein Quatsch – bis sie eines Morgens vor einer besonders fetten Spinne mit erhobenem Arm und entsichertem Pantoffel in der Hand innehielt. – Und, wenn das doch Tante Käthis Inkarnation wäre?

Sind Sie abergläubisch? – Um Himmels willen, nein! Das bringt Unglück!

Wachsblumen und ein Geruch wie im Mausoleum. Freddy hatte eine Passion für künstliche Blumen. Er dekorierte das ganze Haus, und selbst den Garten bestückte er damit. Vermischt mit der Feuchtigkeit, die vom See kam und von den Wänden abstrahlte, ergab sich ein wohliger Duft nach Fäulnis, Tod und Kerzenkeller.

Heute ist der eigenartige Geruch leider nicht mehr so ausgeprägt. Man hat die Wände gestrichen. Man hat modernisiert. Wenn sie jedoch die Augen schliesst, hat Ruth den zauberhaften Duft augenblicklich wieder in der Nase. Herrlich. Sie kann sogar noch den leichten Uringeruch wiederkriegen, der sich mit jedem Jahr intensivierte, je älter die Menschen wurden, die mit in die Sommerfrische kamen.

Vater bringt Tochter das Autofahren bei. Beim Schiessstand Allschwiler Wald wird Einparken geübt. Als es von Anhieb klappt, zieht der Vater die Schlüssel vom Zündschloss ab und wirft sie in weitem Bogen zum Fenster hinaus. «So, und jetzt folgende Situation: Ums Auto herum schleicht ein hungriger Löwe. Weit und breit keine Menschenseele. Was machst du?»

Als das dritte Kind wieder ein Mädchen war, beglückwünschte Fred die Mutter mit einem Telegramm: «Schon wieder so eine Zwetschge!»

Daniela sagt von sich, sie sei als Kind wie ein Knabe gewesen. Nur eben schwul.

Fred wurde von seiner Mutter bis zum vierten Lebensjahr als Mädchen erzogen und hiess Miriam. Er trug Prinzessinnenkleidchen, und jeden Morgen wurden ihm mit dem Setzholz und Seidenpapier Locken gedreht. In seinen Memoiren beschreibt er diese Tortur, die sein Vater eines Tages wutentbrannt beendete. Er brachte Fred zum nächsten Coiffeur am Rheinsprung und sagte: «So. Jetzt wird das verdelli ein Bub!»

Nicht einmal Papa erinnert sich, ob der Teufel damals im Restaurant gehangen hat oder in seinem Zimmer über der Tür. Aber es gibt den Teufel heute noch. Er hat ihn irgendwo im Haus stehen. Es fehlt ihm bloss ein Horn.

Hörner bedeuten Bewusstsein. Moses, als er seine Erleuchtung hatte, wurde mit zwei Hörnern dargestellt. Ein Gehörnter ist aber auch einer, dem bewusst ist, dass ihn seine Frau betrügt.
«Wie bitte? Wer? Reich mir den Käse und sprich lauter! Ich hör auf dem einen Ohr so schlecht. Was soll das mit dem abgebrochenen Horn und Papa bedeuten?» «Dem Teufel ist ein Ohr abgebrochen.» «Wieso ein Ohr?»

28

An «Hauptweh» stirbt Theodor Burckhardt, wird am 19. Februar 1623 berichtet. «Man nimmt an, es sei aus Kummer geschehen, weil seine Frau ihm Hörner aufgesetzt und sich mit einem fremden Studenten übersehen hat.»

2. Juni 1740: Es schneidet sich eines Knopfmachers Ehefrau in ihrem Haus bei der Brodlaube die Gurgel ab, «weil ihr Mann lieber eine Burckhardtin gesehen hat und mit derselben kürzlich im Ladenstüblin ihres Hauses Unzucht getrieben hat».

In Weggis: Schwere Samtstoffe, Rosshaarmatratzen, alte Teppiche und staubgeschwängerte Kissen. Immer alle Hunde, überall.

Asthma ist keine Krankheit; Asthma ist Theater. In den Mägdekammern gibt es keine Hunde. Soll sie da schlafen.

Erbaut hat das Haus Oma Erler, Hummel, Wittich; jedenfalls hat die es erstanden. Und sie mochte junge, hübsche Männer gut leiden. Also nahm sie einen Künstler zu sich ins Haus und hiess ihn, ein Bild von der Seehalde zu malen. Dem jungen Mann ging es bei ihr so gut, dass er zusätzlich den Pilatus draufmalte, obwohl man den Berg von da aus gar nicht sehen kann.

Der Einbrecher, der alle wertvollen Gegenstände, Tafelsilber, Kerzenleuchter, Uhren, was er nur tragen konnte, in einen Teppich gerollt, zum

Abmarsch in die Eingangshalle bereitgelegt hatte: Man fand ihn laut schnarchend im Weinkeller neben leeren Flaschen liegen.

Die Hungerbühler-Trilogie

I

Mitten in der Nacht kommt Ruth mit Bruno zur Seehalde (und nicht etwa mit dessen Bruder René, mit dem sie damals eigentlich liiert war). Im obersten Stock brennt Licht. Bruno sagt: «Ich bin nicht so mutig wie René; ich gehe da nicht rein.» Man geht zum «Rössli» vor, dort ist noch Betrieb. Aber es will keiner mitgehen. Also wird die Polizei gerufen.

«Was, aus dem ‹Rössli› rufen Sie an, und da ist noch so ein Lärm? Freinacht haben die nicht eingegeben. Das setzt was!»

«Ein Notfall. In der Seehalde brennt Licht.»

Der Wachtmeister macht sich auf den Weg. Immerhin kommt er von Luzern und braucht eine Weile.

«Köbi, dass mir das nicht noch einmal vorkommt!» begrüsst er den Wirt.

«Ich mache heute beide Augen zu, habe nichts gesehen; verstandez-vous? Hungerbühler, angenehm! Fräulein Spillmann, Herr Weder!» – damit drückt er Bruno einen geladenen Revolver in die Hand.

«Los! Auf geht's. Das Fräulein Spillmann geht voraus zum Aufschliessen. Und jetzt: Kein Wort mehr!»

Brunos schweissnasse Hand umklammert zitternd den Griff des Schiesseisens. Vor der Eingangstür zur Seehalde vollführen die drei einen grotesken Tanz, der an den Ausflug eines Spastiker-Heims erinnert. Trotzdem rascheln unter ihren Füssen die trockenen Blätter. Ruth schliesst auf. Seinen Dienstrevolver sicher mit beiden Händen vor der Brust haltend, die Arme gestreckt und die Knie gebeugt, schleicht der Wachtmeister behende an Ruth vorbei und sichert in der Eingangshalle in alle Richtungen, indem er sich auf der Stelle dreht wie ein Metallsoldat auf einer Spieluhr. Dabei schnaubt er mit wild verzogenem Mund und äugt unter hochgerissenen Brauen umher. Hungerbühler nickt Bruno zu. Er solle die Treppen hoch in den ersten Stock gehen. Brunos Gesicht verzieht sich zu einem Knautschsack. Von seinen Augen sind gerade noch zwei dunkle Hohlräume übriggeblieben. Aber er gehorcht. Zum Glück scheint das milchige Licht des Vollmonds durch die Ritzen der Fensterläden. Mit linkischen Bewegungen stakst Bruno Tritt für Tritt empor und schluckt jedesmal leer, wenn er wieder einen Fuss aufgesetzt hat. Das Holz knarrt gnadenlos unter seinen Füssen. Ruth steht wie angewurzelt und hat längst aufgehört zu atmen. Hungerbühler prescht, in Deckung, an Bruno vorbei, hoch und presst stossweise Atem durch die zusammengeschweissten Zahnreihen aus, als er oben ankommt. Wieder sichert er in alle Richtungen. Zweiter Stock; gleiches Vorgehen. Und jetzt nimmt man sich das hintere Zimmer vor, aus dem, unter dem Türspalt hervor, ein rechteckiger gelblicher Lichtschein diagonal durch den Flur dringt. Hungerbühler horcht an der geschlossenen Tür. Er nimmt einen tiefen Atemzug. Blitzschnell öffnet er die Tür zum Kinderzimmer.

«Polizei! Wer da? Los, raus hier!» brüllt er. – Die Schranktür steht halb offen und scheint sich noch ein wenig zu bewegen. Aus dem Innern quillt Spielzeug. Wie hingeworfen liegen da Kostümteile aus der Verkleidungskiste, Pfeilbogen, eine Schwimmflosse und, am Boden verstreut, Immobilienkarten vom Monopoly-Spiel. Basel, Steinenvorstadt, violett und Chur Kornplatz, hellblau. Einige Hotels liegen herum und Hunderttausende von Franken in bar vom Spielgeld aus der Bank. Hungerbühler gibt Bruno ein Zeichen, das soviel heisst wie: Bleib stehen wo du bist; das ist eine Angelegenheit für Profis!

«Hände hoch oder ich schiesse!» – Siegessicher stösst er ein «Komm, schön, komm!» hervor, als er sich, unendlich langsam, zur Schranktür vorarbeitet. «Aaaah!» schreit er in die Stille der Nacht, als er mit dem gewaltigen Sprung eines Stadtguerillas frontal vor die Schranköffnung hechtet.

Aber da ist gar keiner drin. Im ganzen Haus ist keiner. Kein Mensch hat das Haus betreten. Alles wie üblich. Sie hatten beim Wegfahren nach den Ferien im Kinderzimmer versehentlich Licht brennen lassen. Mehr war nicht.

33

II

Moped-Sepp brummte der Schädel. Das gleissende Sonnenlicht, das plötzlich durch die Wolken
brach, stach ihn in die Augen. Er lag bei der Schiffs-
station Weggis am Gemeindestrand. Hier hatte er
genächtigt, nachdem man ihn gestern abend aus dem
Stadtpark gejagt hatte. Bald würde auch hier ein em-
siger Schiffahrtangestellter in einer Blasmusikuni-
form über ihm stehen und ihn anbellen; er solle abhauen, sonst hole man die Polizei. So konnte es nicht
weitergehen. Sepp war nirgends zu Hause, und jetzt
war er auch nicht mehr mobil. Seit er letzte Woche
wieder gestürzt war mit dem Moped, wollte er nichts
mehr riskieren. Diesmal war er mit der Stirn direkt
aufs Pflaster geknallt. Dabei war es so praktisch gewesen! Er war zum Bahnhof gegangen oder zum
Sportplatz und hatte sich dort ein Moped genommen.
Er war frei gewesen, unabhängig, bis ihm das Benzin
ausging. Dann musste er sich ein anderes nehmen.

In der Seehalde hatte man den Sommer endgültig verabschiedet. Man hatte alle Betten abgezogen,
den Kühlschrank geleert und hatte im Bootshaus auf-
geräumt. Im Geräteschuppen bei der Unterführung
zum See hatte endlich einmal einer der Schwieger-
söhne das Werkzeug schön an die Wand montiert.
Man hatte, bevor man abfuhr, noch die Schweizerfah-
ne vom Mast heruntergeholt. Für längere Zeit würde
er auf der Bootshausterrasse unbeflaggt in den Him-

mel ragen und einsam im Wind heulen. Ein grosser Berg mit Abfallsäcken wurde an der Einfahrt aufgetürmt. Etwas wehmütig machte man sich auf den Weg. Die gleissende Sonne wurde von einer schwarzen Gewitterwolke verdeckt, die sich von den Bergen her langsam über den See geschoben hatte.

Regentropfen, so gross wie Rabenschisse klatschten plötzlich vom Himmel auf den staubtrockenen Asphalt, als Moped-Sepp auf der Kantonsstrasse Richtung Parkhotel lief.

«Granatenhagelsackgamelle! So eine gemeine Nässe.» Bei der Gartenmauer zur Seehalde hatte er gestanden und zugeschaut, wie die Fahne gerefft worden war. Und jetzt so ein Wetter. Sein blassrosafarbener Baumwollpullover mit der Aufschrift University of Pennsylvania verfärbte sich altrosa und hing ihm schwer von den Schultern. Kein Auto weit und breit. Plötzlich, ohne es sich besonders vorgenommen zu haben, sprang er über die Mauer hinunter und stand im Garten. Im Geräteschuppen würde er sich erst einmal unterstellen. Die Verriegelung leistete unter seinen geübten Griffen nicht lange Widerstand; Sepp hatte Büchsenmacher gelernt in Thun. Bei geöffneter Tür sass er auf einem Dreitritt in seinem Unterstand und schaute den Regentropfen zu, wie sie auf der Wasseroberfläche ein Netz von grossen schwarzen Kratern formten. – Hier werde ich sesshaft, sagte er zu sich und schaute sich um. Übersichtlich, nach Form und Grösse geordnet, hing das Werkzeug an der Wand. Handbohrer, Spachtel, ein Meissel mit einem dicken Hammer, Schraubenzieher. Sepp überlegte, was man damit alles anfangen könnte. Die Hintertür zum Haupthaus müsste eigentlich kein Problem darstellen.

Tatsächlich. Schon war er drin, im Haus. Es war schneller gegangen, als er vermutet hatte. – Mein Gott, wenn mich jetzt mein Vater sehen könnte! All die Ware liess sich verkaufen! Leicht und zu einem guten Preis. Etwas Herzklopfen hatte er schon, bei dem Gedanken. Sein Vater hatte immer Angst gehabt vor dem Landjäger. Heute gibt's keine Landjäger mehr, heute ist Landjäger nur noch eine Dauerwurst, die man am besten mit einem frischen Büürli isst und mit scharfem Senf. Sepp mochte den langweiligen blauen Senf nicht, den sie überall hatten. Nein, den französischen, auf dem forte stand wie auf den Pillen, die er in der Anstalt immer nehmen musste. (Geholfen haben die auch nicht; er war bloss den ganzen Tag hundemüde, und sturm war ihm geworden davon.)

Einen tierischen Hunger hatte Sepp auf einmal! Wo ist die Küche? Eisschrank leer. So was. Ein paar Salzgurken und Knäckebrot. Im Keller gab es vielleicht was? Einen Truthahn fand er im Tiefkühler. – Für Weihnachten, dachte er. – Und für mich ist heute Weihnachten! Er stellte den Ofen an und schob den steifen Vogel hinein. Und was dazu? Einen feinen Wein hatte er schon mit hinaufgenommen, einen Roten, auf dem *château* stand. Darauf konnte man gehen, die waren alle gut, die mit *château*. Eine Kerze auf den Küchentisch, angezündet zur Feier des Tages, und Silberbesteck. Warum auch nicht? Er konnte es abwaschen, bevor er es verkaufte. Das würde ein saumässiges Fest geben, heute abend! Er und der Truthahn, allein zu Hause. Ein paar Pommes chips könnte er sich noch kaufen in Weggis, und Tomaten. Aromat hatte es im Regal; Kaffee auch. Zigaretten fand er im Wohnzimmer, aber nirgends Geld. Das war ein Problem. Die hatten bestimmt irgendwo Geld versteckt! Das Küchenportemonnaie war leer. Sepp mochte nicht alles durchwühlen, das war zu kompliziert und irgendwie auch unwürdig, an so einem noblen Ort. Er würde das brandneue Dampfbügeleisen mitnehmen und beim Elektriker in Weggis verkaufen. Davon liesse sich bestimmt das nötige Bargeld für die nächsten Tage lösen.

Es hatte aufgehört zu regnen, und Sepp machte sich auf den Weg. Das Pfützenspiel hatte er seit seiner Kindheit nicht mehr gespielt: Auf einem Bein über die grösste Wasserlache hüpfen, ohne zu spritzen. Hofmann, August, Elektroinstallationen. Sepp öffnete die Ladentür. Ein gequetschter, elektrischer Brumm wie bei Transformatoren von Modelleisenbahnen erklang in der Werkstatt hinter dem Laden. Es dauerte eine Weile, bis Hofmann senior in der blauen Schürze hinter der Theke erschien.

«Sie wünschen?»

«Kauft man bei Euch auch Ware an?» fragte Sepp und stellte das Bügeleisen neben die gusseisen schwarze Ladenkasse.

«Jura, Dampf, das neue Modell, potztausend!»

«Wieviel könnten Sie mir dafür geben?»

Hofman, August, schielte über seine Lesebrille und nickte langsam, während er das Eisen in seinen Händen wendete, wie ein Chirurg, der die Kompliziertheit der bevorstehenden Operation erkannt hatte. Er nahm den Schlüsselbund aus der Hosentasche und schloss die Ladentür ab.

«Einen Augenblick!» Er verschwand in der Werkstatt und holte im Büro den Ordner mit den Belegen. Sein Verdacht bestätigte sich: Das Eisen JU 714-R3 hatte er vergangene Woche Frau Spillmann von der Seehalde verkauft. Geistesgegenwärtig schloss Hofmann den Dieb im Laden ein. Wie ging nochmal die Nummer vom Wachtmeister? (Denn wenn man die 17 anrief, kam irgendeiner.) Da, Hungerbühler, Luzern. Für Notfälle. Er wählte und nahm den Bleistift hinter dem Ohr hervor, für allfällige Notizen.

Sepp pfiff eine Wcile tonlos vor sich hin. «Ramona.» Die Melodie lief ihm seit Jahren nach, er konnte sie einfach nicht mehr loswerden. Sie klebte an ihm wie Hundedreck an gerillten Gummisohlen. Das war wie ein Zwang, diese Melodie. Er pfiff und wusste nicht genau, warum ihm dabei immer banger wurde. Er kriegte feuchte Hände, während er die vielen Modelle von Deckenlampen voneinander zu unterscheiden suchte. Es sahen alle gleich aus.

– Wenn er mir 50 Franken dafür geben will, sag' ich o.k. Ich mache da nicht lange. – Sepp überlegte schon eine ganze Weile, wie ihm schien, wieviel Geld Hofmann wohl in seiner Ladenkasse hatte. Denn abgeschlossen hatte er sie nicht, bevor er in die Werkstatt verschwand. Einmal kräftig an der Kurbel drehen, dann sprang die Kasse auf. Sepp müsste nur zugreifen. – Ach, was! Heute würde er sein Geld auf redliche Weise verdienen. Ein Einbruch am Tag genügte wohl! Eigentlich war er ja gar kein Profi. Sein Vater, ja. Aber er? Er wollte sich heute einen schönen Abend machen. Sepp war erleichtert, als ihm einfiel, dass der Alte ja eh die Ladentür zugesperrt hatte und er folglich gar nicht hätte abhauen können! Ein Glück, war ihm das rechtzeitig eingefallen. Das hätte Scherereien gegeben.

Ein blauer Opel Kadett fuhr mit hoher Geschwindigkeit heran und kam mit quietschenden Reifen vor dem Elektrogeschäft zum Stehen. Geduckt und mit vor Anstrengung verzerrten Gesicht stürzte Hungerbühler aus dem Wagen und auf den Eingang zu. Er betätigte die Falle und klopfte an die Scheibe. Er beschirmte seitlich seine Augen und drückte das Gesicht ganz nahe ans Glas, so dass er darauf milchig seine Abdrücke hinterliess. Sepp war das Blut in den Adern geronnen wie bei manchen Frischwürsten. Ihm war klargeworden, dass ihn der alte Hofmann überführt hatte! Deshalb hatte er ihn so lange warten lassen. Und diesen Wachtmeister kannte Sepp. Er war schlimmer als jeder Landjäger. Sepp war der Appetit vergangen.

«So, der Mopedli-Seppli! Da haben wir ihn.» Hungerbühler war mit Hofmann von der Werkstatt her in den Laden gekommen.

«Wieder mal ausgebüxt, he? Aus der Anstalt ist

er abgehauen, der Held.» Der Wachtmeister schloss Handschellen um Sepps Gelenke und schob ihn vor sich her.

«Aber mein Truthahn verbrennt doch, Herr Wachtmeister! In der Villa.»

«Ja, ja, alles mit der Ruhe. Das kannst du gleich zu Protokoll geben! Wir haben den ganzen Abend Zeit dafür.»

III

Daniela war voll von freudiger Erwartung, als sie ihre Koffer für die Hochzeitsreise packte. Ein geblümtes Sommerkleidchen für den Strand, zwei Bikinis und die neue Designer-Hose mit dem gewagten Top für die Discos. Doch ihr Felix überraschte sie mit einem gemütlichen Schweizer Reislein. Er war vorsichtig mit unnötigen Ausgaben. Erste Destination war Bad Ramsach, in früheren Zeiten ein sogenanntes Glettere-Beedli im Oberbaselbiet, wo das Hauspersonal der Basler Herrschaft sich in den Ferien von den Strapazen der Arbeit erholte. Heute gilt Bad Ramsach als selbst bei den Krankenkassen beliebtes Rehabilitationszentrum für Krankheiten aller Art. Unfallopfer lernen hier wieder erste Schritte zu gehen, und in den Gängen stehen lallend verwirrte Greise, ihre Nachttöpfe in der Hand. Für eine Hochzeitsnacht also eher die zweite Wahl. Die folgende Nacht verbrachten sie auf dem Säntis. Dafür war Danielas sommerliche Garderobe nicht geeignet, denn die Temperaturen schwankten um den Gefrierpunkt. Die Hochzeitsreise führte für die verbleibende Zeit nach Weggis, wo man sich ein paar schöne Tage am See gönnte.

Um zwei Uhr nachts erwachte Daniela mit einem Schrecken. Seltsame Schleifgeräusche und ein undefinierbares Rumpeln hatten sie geweckt. Auf dem Dachboden über ihrem Bett rumorte es. Da war ein Einbrecher, der nicht bemerkt hatte, dass das Haus bewohnt war! Sie klammerte sich an ihren Felix, der ja jetzt ihr richtiger Mann war.

«Felix, wach auf! Ein Einbrecher! Hörst du die Geräusche?»

«Ja! Tatsächlich. Ich gehe nachschauen, bleib du hier!»

«Ich soll alleine hier bleiben? Vielleicht sind sie zu zweit. Die sind bestimmt bewaffnet!»

«Meinst du, bewaffnet? Es ist nicht mal sicher, dass da Einbrecher sind!»

«Mit hundertprozentiger Sicherheit sind da Einbrecher! Hier wird dauernd eingebrochen.»

«Aber einer muss doch nachschauen gehen!»

«Du bleibst hier bei mir, ich hab' Angst! Da oben ist einer, und wenn er überrascht wird, schiesst er bestimmt!»

Daniela fürchtete sich vor einem Doppelmord. Wenn er Felix umgebracht haben würde, ging ihr durch den Kopf, dann würde der Täter bestimmt nach ihr suchen und sie zuerst vergewaltigen und dann erdrosseln. Unlängst war in Kehrsatz eine zersägte Frau in der Tiefkühltruhe gefunden worden.

41

Wieder rumpelte es im Gebälk. Telefon gab es nur eines, unten in der Diele. Sie waren aufgestanden und horchten an der Zimmertüre, ob vom Flur her Geräusche zu vernehmen waren. Felix wollte die Polizei rufen.

«Spinnst du? Bis du die am Draht hast, dauert es viel zu lange. Die Einbrecher würden es bemerken und zuerst die Leitung und dann deinen Hals mit einem langen Messer durchschneiden!» Felix schluckte leer. Sein Männermut hatte ihn verlassen. Daniela hatte einen Plan. Sie würde bis drei zählen. Dann öffnete sie die Tür, schob Felix vor sich her zur Treppe, und sie rannten so schnell sie konnten hinunter zum Eingang. Haustür auf und raus in die Nacht, auf die Strasse.

«Hilfe!» Sie hielten das erste Auto an und liessen sich zum Polizeiposten bringen.

Bei Wachtmeister Hungerbühler läuteten sie Sturm.

«Potzheilanddonner! Was ist denn los um diese Zeit?»

«Einbrecher in der Seehalde, Herr Wachtmeister! Höchstwahrscheinlich bewaffnet.»

«Oha!» sagte er und zog das Schulterhalfter über sein Nachthemd. «Beruhigen Sie sich, Fräulein Spillmann. Wir kommen!»

«Das ist mein Mann, darf ich bekannt machen. Wir sind hier sozusagen auf Hochzeitsreise.»

«Oha!» sagte Hungerbühler feierlich, während er die Dienstmütze auf seine verstrubbelten Haare schob, «man gratuliert!»

42

Sie setzten sich in den Fond des blauen Kadett. Hungerbühler nahm das gelbe Kissen mit der braunbestickten Autonummer LU 15711 von der Ablage bei der Heckscheibe und schob es in die Mitte zwischen die beiden.

«So ist es bequemer!» damit hauchte er ihnen, maliziös lächelnd, seinen schlechten Atem ins Gesicht. «Aber anschnallen müsst Ihr Euch trotzdem!» Er erhob mahnend den Zeigefinger und zwinkerte ihnen zu. Hungerbühler setzte sich ans Steuer.

«Das wird wieder so ein Vagant sein!» versuchte er zu beruhigen.

«Ein Vagant?» fragte Daniela erschreckt, «die sind sehr gefährlich!» Sie konnte sich im Augenblick nur etwas äusserst Schreckliches unter einem Vaganten vorstellen, obwohl sie die Bedeutung des Wortes eigentlich nie richtig erfasst hatte.

«Warum tragen Sie keine Waffe in ihrem Halfter, Herr Wachtmeister?» Hungerbühler trat unwillkürlich auf die Bremse, dass die Reifen quietschten. Seinen Revolver hatte er einzustecken vergessen! Die Schamröte war ihm ins Gesicht gestiegen, aber er beschloss, die Situation zu überspielen. Er fuhr weiter, Richtung Weggis.

«Liebes Fräulein Spillmann!» lachte er kopfschüttelnd, «haben Sie eine Ahnung! Vaganten sind harmlos! Wie das Wort schon sagt: Vaganten sind Vaganten, nichts weiter.»

Die Seehalde war hell erleuchtet. In allen Zimmern brannte Licht. Die Haustür war sperrangelweit offen.

«Oha!» entwich es dem Wachtmeister, als er den Motor abschaltete. «Abgehauen! Ihr Mann und ich gehen vor. Sie bleiben hier!»

«Nein. Ich bleibe bei meiner Frau!» sagte Felix energisch und legte beschützend seinen Arm um Danielas Schultern.

Hungerbühler durchsuchte das Haus von unten bis oben, den Keller, das Bootshaus, alles. Er konnte nichts Verdächtiges finden. Es schien auch nichts zu fehlen.

«Vaganten sind meist Schisshasen, da haben Sie's. Ich schreib einen Rapport. Adieu! Und jetzt, ab in die Haja!» sagte der Wachtmeister mit dem nächtlichen Charme des Innerschweizer Beamten und stiess Felix den Ellenbogen in die Rippen.

Sie löschten, einigermassen beruhigt, die Lichter im ganzen Haus, schlossen die Fensterläden und verriegelten die Eingangstüre. Sie legten sich erneut ins Bett. Seufzend vor Erleichterung hielten sie sich umarmt, als von der Decke über ihrem Bett dieses Getrapel wieder losging. Es schabte und rumpelte, vom Dachboden her. Daniela sprang aus dem Bett, rannte die Treppen hinunter und nahm einen Baseballschläger aus dem Schirmständer.

«Da! Den halt mal fest in beiden Händen!» sagte sie zu Felix, der angerannt kam. «Du wirst mich damit beschützen!» Sie holte eine Flasche Cognac im Wohnzimmer und setzte sich neben die Eingangstür. Nach mehreren Gläsern, die sie in rascher Folge hinunterkippte, war sie in einem Geisteszustand, der es

44

zuliess, dass weitere Bewohner mit ihnen das Haus teilten. Ob Schwerverbrecher oder Siebenschläfer, einerlei: Vaganten waren Vaganten.

Wie in jeder Villa aus jener Epoche gibt es naturgemäss auch in der Seehalde Geister. Es sind vier, die das Haus bewohnen. Sobald man in der gegenwärtigen Inkarnationsform als Menschen gegenüber den anwesenden Geistern in der Überzahl ist, regen sie sich nicht.

Daniela und ihre Freundin Nancy schlafen unten, Ruth oben in ihrem eigenen Zimmer. Sie sind zu dritt, also in Unterzahl vertreten. Es ist eine jener Nächte, die für eine Begegnung vorbestimmt ist. Spinnen gehen krabbelnd ihren Geschäften nach, schwarze Katzen auf Dachrinnen singen buckelnd ihr Lied, und der Vollmond gneisst hinter dunkeln Wolken hervor. Eine Mücke sirrt blutrünstig im Zimmer der beiden Freundinnen umher. Licht an, Halali! Adrenalinschübe erleichtern die aufwendige Jagd nach dem Untier, rauben aber den Schlaf nach dem Totmachen. Licht aus. Horch! Eine weitere Mücke oder der Zerquetschten Instant-Inkarnation durchpflügt auf ihrem Racheflug den Luftraum über dem süsslichen Menschenfleisch immer enger ums Ohr. Ihr quälendes Tönen setzt aus, es kribbelt sechsfüssig am äusseren Gehörgang. Pfatsch! In entfesseltem Selbstverstümmelungszwang schlägt, die Naturgesetze missachtend, eine schwere Menschenhand gewaltig auf die Ohrmuschel und verursacht einen beinahe fatalen Luftdruck aufs Trommelfell, während das Insekt, vom

45

Schub gewirbelt, entfleucht. Eine Jagd ohne Ende; immer zahlreicher werden die Angriffe; das Licht im Zimmer zieht immer mehr Mücken an.

Nancy weigert sich, die Nacht in jenem Raum mit Daniela und den Stechtieren zu verbringen. Das Zimmer wird den Mücken überlassen. Leintücher über dem Kopf als Schutz vor den Blutsaugern wird Ruths Schlafzimmer aufgesucht. Dort wähnt man sich in Sicherheit, sowohl vor Insekten wie vor Geistern. (Alle anderen Räume sind von Geistern besetzt.) Frische Kissenüberzüge für angenehmere Nachtruhe nach der schweisstreibenden Schlacht befinden sich in der Kommode des schwesterlichen Zimmers. Auf leisen Sohlen tastet man sich zum Möbel, öffnet die Schublade ganz behutsam, um keinen Lärm zu verursachen. In schwerer Trance ihres Halbschlafes äugt Ruth in Richtung der Kommode und entdeckt dort die beiden Geister. Mein Gott! Weiss wie die Bettlaken, tatsächlich! Die sind so materiell, dass sie die Kommodenschubladen öffnen! Ihren Herzschlag spürt Ruth am Hals rasen. Sie würde wohl am besten ganz unbeweglich liegen bleiben und dem unheimlichen Spektakel zusehen. Äusserste Achtsamkeit auf der gegenüberliegenden Seite des Schlafes! Kein Zucken der Wimper, kein Räuspern, kein lautes Atmen, jetzt. Was soll man tun, angesichts zweier ausgewachsener Untoten? Schreien? Das könnte unabsehbare Folgen haben. Ein Gebet lispeln? Aber wen sollte man in so einem Fall anbeten? Den heiligen Antonius vielleicht und ihm eine fette Belohnung in Aussicht stellen? Oder ein Maria hilf! Wenn man katholisch wäre,

46

würde so etwas unter Umständen nützen. Aber so? Lieber Gott, mach dass die verschwinden! – Geister lassen sich nicht so ohne weiteres vertreiben. Am besten spricht man sie wohl direkt an! Menschliche Stimmen können sie verscheuchen, das ist bekannt. Sag was, Ruth! Auch wenn es nur gehaucht ist.

«Wer seid ihr? Dani, bist du es?»

Im Dancing Hofmann in Weggis gab es jedes Jahr den Wasserrattenball. Bei der Polonaise biss sie der Italiener, der hinter Mama hertanzte, vor Aufregung mehrmals in den Oberarm.

Ruth war zwölf und durfte mit zum Tanz. Oma sagte, sie müsse wollene Strumpfhosen anziehen. Sicher sei sicher. Ein Unterhöschen allein genüge in so einem Fall nicht.

Ein Amerikaner war das oder so etwas Ähnliches. Jedenfalls sass Lucie mit ihrem Geliebten im Mondschein am Bootshafen. Sie hatten sich vom Festtrubel entfernt und wollten romantisch sein. Man hörte lustig die Bootfender an den Rümpfen der Schifflein quieken, wenn sie von den leisen Wellen aneinandergeschaukelt wurden. Der Amerikaner schaute Lucie tief in die Augen und hauchte: «Listen!» Ruth war heimlich gefolgt und stand hinter ihnen. Sie sagte voller Stolz: «Thiss are the börds!»

Im Studebaker Lark schlief Lucie wegen ihrer Hundeallergie mit Lotti, ihrer Freundin. Keiner durfte das am Wasserrattenball erfahren, sonst würde nachts weiss Gott was los sein, das war klar. Aber irgendwie verbreitete sich die Nachricht dennoch.

Jedes Jahr am Nationalfeiertag die gleiche Tragödie: Man wollte das Feuerwerk auf dem See haben, auf einem Floss. Ferngesteuert und gross. Nie hat es geklappt. Immer regnete es in Strömen. Wenn man es dennoch steigen lassen wollte, blieb die fortlaufende Zündung immer schon am ersten Feuerrad, an der Sonne, stecken. Sie erlosch. Man musste hinausrudern zum Floss und die Raketen von Hand anzünden. Immer gab es Diskussionen.

«Seid ihr verrückt geworden? Die gehen von alleine los! Wartet doch wenigstens noch eine Minute.»

Feuerwerk war die Rache an den Kläffern.

In Immensee war das Feuerwerk am Land, zwischen den hohen Pappeln, am Ufer. Man schaute in die Höhe, während so ein Feuerrad sich von alleine entzündete. Es sprang aus der Halterung und rollte mit rasender Geschwindigkeit, funkensprühend, hinter Onkel Hansruedi her, auf das aus Holz gebaute Bootshaus zu. Sofort war das Bild da: Professor Bienlein in «Die sieben Kristallkugeln». Ein Beweis mehr dafür, dass Tim und Struppi Geschichten waren, die das Leben schrieb.

Wie Mama mit dem Exhibitionisten fertig wurde: Mit dem Nudelholz in der Hand rannte sie schreiend hinter ihm her und jagte ihn davon.

Es wäre undenkbar gewesen, ungeschminkt hinunter zum See zu gehen. Selbst am eigenen Strand konnte man nie wissen. Wichtiger Besuch kündigte sich nicht an; er war urplötzlich da mit dem Boot. Stell dir vor, der Füglistaller fährt vorbei und deine Haare sind vertschuppelt! Oder sonst einer. Man musste sich im richtigen Winkel zum See auf der Liege räkeln, um frühzeitig die Spreu vom Weizen trennen zu können. Entweder vergrub man sich hinter der Illustrierten, wenn das Boot kam, oder, im Gegenteil, schnellte hoch und winkte auf den Zehenspitzen die Kerle heran.

Die Fensterscheiben schwarz flirrend, wenn Bremsen vor dem Sturm aufgeregt an der Glasfläche hochtanzen.

Sanfte kleine Windhosen aus Staub auf dem Asphalt.

Glück: Mit Grossmutter unter den drei Linden vor der Kapelle sitzen und zusehen, wie über dem See die Gewitterwolken aufeinandertreffen.

Böen fliegen sehen, die, Wellenwasser kräuselnd, Hahnenkämpfe austragen.

Sturmwarnung. 90 Intervalle in der Minute zählen.

An Bojen vertäute Boote fliehen seitwärts wie verschreckte Pferde am Zaum.

Verzweifelte Totenglöcklein, bimmeln Chöre von Metallmasten ihr Lied über den See.

Weisse Segel peitschen nass den schwarzen Himmel.

Vom Blitzstrahl an, nur noch auf drei zählen können, bis der Donner folgt.

Jollen kentern. Yachten sinken.

Ein kulinarischer Höhepunkt: Rollmops und Büürli im Warenhaus Rheinbrücke.

Der kleine Dreyfuss habe so wunderbar nach Nivea geduftet. Es gab Mohrenköpfe am gedeckten Tisch im Café Spillmann. Hinter jedem kleinen Gast stand am Geburtstagsfest die dazugehörende Mutter und schaute, dass das weisse Hemd oder die Bluse ihres Kindes keine Flecken kriegte – oder gar das Tischtuch.

Im Geschäft sass Rosa hinter der Kasse. Sie hatte ein rotes Seidenkleid von Freddy an und hatte violette Haare.

Freds rote Seidenröcke waren ihr Markenzeichen. Sie hatte 32 Stück davon in ihrer Garderobe hängen. Und drunter trug sie diese langen Unterhosen in Form des Spalentors.

An einem wichtigen Anlass konnte sie zwei- oder dreimal am Abend das rote Kleid wechseln. Sie konnte sich nicht für eines entscheiden.

Das Wort Camouflage kommt mir in den Sinn, wenn ich an Fred Spillmann denke.

Als Kind war Fred ein Mädchen. Als junger Mann ein junger Mann. Je älter er wurde, desto mehr glich er einer alten Tante.

Er trat auf. Er trug Pelze, Perücken und riesige eckige Brillen. Er trug massige Goldketten und Armreifen. Er trug falsche Edelsteine, gefasst in Trompetengold. Echte Schmuckstücke liess er kopieren und verkaufte die Originale.

Nicht immer. Aber immer öfter; wenn er Geld brauchte, liess er Kopien herstellen. Die schmiss er in den Rhein, wenn er jemandem eine Szene machte.

Fred war König der Geschichtenerzähler. Er war Oberpriester der Lebenskunst. Er war ein Schamane mit tausend Requisiten. Er schuf sich seine Bühne, wo er war. Er war der Joker im Tarot des Basler Daig. Und er war der Tod als Sinnbild der Verwandlung.

Er war jenseits.

Fred Spillmann war der ultimative Couturier seiner Zeit. Grace Kelly lag ihm zu Füssen. Baronin Amelie von Thyssen bestellte jede Saison, im Frühjahr und im Herbst, ein Dutzend Röcke bei ihm.

An der Fasnacht thronte Fred während des Cortège, halb Sujet, halb Comité, auf der Terrasse am

Rheinsprung und liess sich mit Orangen bewerfen. Der Geschäftssinn seiner Mutter liess es nicht zu, dass man die Ware in den Rhein schmiss. Sie liess die Orangen in Harasse abpacken, pressen und für Sorbet tiefkühlen.

Rosa wachte wie ein Sperber auf ihrem Thron an der Kasse. Sie war Croupier, Placeuse und Wildhüterin auf dem Hochsitz in einem. Sie hatte ein geübtes Auge für einsame Herzen und verkuppelte treffsicher auch renitente Fälle am Kaffeehaustisch. Sie übte sanfte Autorität über ihre Gäste aus, indem sie sie höflich duzte. «Wart, do wird eppis frei, gäll.»

Freds rotes Réduit, hoch über dem Rhein, liess kein Tageslicht herein. Wo eine prachtvolle Aussicht den Blick über die Stadt freigegeben hätte, wurden Holzläden den Fenstern vorgeklappt, die nach innen verspiegelt waren. Rote Tapeten, Seidenbrokat, Chinchillafelle und goldene Barockengel waren seine Gegenwelt, die er mit Kerzen beleuchtete. Straussenfedern, Chiffon und künstliche Blumen umrahmten unzählige Porzellanfiguren und Artefakte, die dichtgedrängt Nischen füllten und die holzgetäferten Wände säumten.

Das riesige Bett, «Achtplätzer» nannte er es, war sein Arbeitsplatz. Hier entstanden die Entwürfe, hier zeichnete er seine vielbeachteten Kreationen. Ausschliesslich nachts fand das Leben für ihn statt, der Tag war ihm ein Greuel. Wenn er ein Vampir war, dann einer, der lebendiger war als die normalen Untoten, die in dieser Stadt lebten.

Das einzige Zimmer, das nicht in Rottönen gehalten war, war Freds ehemaliges Kinderzimmer. Der kleine Raum war blau. Es stand eine Sammlung von Zinnsoldaten darin, bestimmt für das Kind, das er nie bekommen würde.

Fred versuchte den Feuerteufel. Mit der roten Farbe seiner Wohnung schien er Feuer im Dach bannen zu können. Die einzige Treppe verstellte er mit allerlei Hindernissen: Vogelkäfige, überzählige Vasen, Geschirr, Porzellanfigürchen und Stoffblumen blockierten Stufe um Stufe. So blieb der einzige Zugang der kleine Lift ins Juhe. Mehr als einmal brannten die Weihnachtsbäume, entzündete sich der Schmuck aus Tüll oder wurden die Puttenpos angesengt. Der Dauerraucher Fred legte die glimmenden Kippen seiner Players Medium ab, wo es war, auf Möbelränder oder Bettkanten – und vergass sie.

Ulrich hiess sein letzter Mops. Er wurde mit Pralinen gefüttert und röchelte glubschäugig den Rheinsprung hoch, um sich vor dem Naturhistorischen Museum zu versäubern. Mit rosafarbenem Kleenex wurde Ulrich der Arsch gewischt. Wie ein Fähnlein zur Wegmarkierung wurde das Flauschpapier nach getaner Arbeit in den Haufen gesteckt.

Legendär war Freds Hosenmode in den siebziger Jahren. Über schwindelerregend hohen Plateausohlen schwang der weite Schlag seiner Hüfthosen. Enganliegend um die Oberschenkel waren sie beispielsweise fuchsiaweiss oder zart himmelblau und hatten, dicht aneinander aufgenäht, Seidenbändel gefaltet, in einer Art Plissé.

Danielas Spezialität waren Häkelkleider. Für Freds jährliche Modenschau am Rheinsprung, einem gesellschaftlichen Ereignis ersten Ranges in dieser Stadt, fertigte sie auf sein Geheiss hin eine aus Seidenband gehäkelte Hüfthose in Stäblimanier. Er trug sie zu Danielas Stolz bei der Präsentation seiner Modelle selbst. Was sie bei der Ausführung nicht beachtete, war, dass grobmaschige Seide, sobald sie in eine Richtung gedehnt wird, beim Tragen extrem schnell aus der Form gerät. Vom vielen Hinsetzen und Aufstehen geriet Freds Hose an jenem Abend im Nu ausser Rand und Band. Sie beulte sich aus und wurde länger und länger, während sie um seinen Hintern herum immer durchsichtiger wurde. Sie war ungefüttert. Fred trug nie Unterwäsche. Dass dabei zizi et tout le basar Teil der Schau wurden, störte Fred nicht im geringsten.

Über seine Mode sagte er am Radio, auf die ausgeklügelte Frage nach dem Zusammenhang zwischen den diversen Details und deren Kombination in seinen Arbeiten: «Also, unten muss es ein Loch haben für die Beine, zwei für die Hände und eins für den Kopf, dann haben sie einen Rock. Oder sie können es in der Mitte teilen und haben eine Hose.»

Auch Frauen könnten sehr gut Hosen tragen. Vorausgesetzt, sie hätten die Figur dazu. Natürlich schaue ein Bierross fürchterlich aus in Hosen. Zum

54

Abknallen. Da seien hängende, fliessende Zirkuszelte angebracht, in denen man alles darin verstecken könne.

Jeans sollten eng sein. Man müsse sehen können, was da vorhanden sei.

Amerikanische GIs hätten die Jeans nach dem Krieg zu uns nach Europa gebracht. Junge Männer, die Jeans zu tragen wussten: «Soldaten sind jung; Soldaten sind schlank; Soldaten sind schön.» De loin. Man müsse ja nicht unbedingt an ihnen riechen.

Eine Jeans wird in sieben Minuten hergestellt. In einem Kleid von Fred Spillmann stecken zwischen 70 bis 100 Stunden reine Fertigungsarbeit. Im Einzelfall doppelt so viel. Seine eigene Arbeit und die der Directrice nicht mit einberechnet.

Mit Mode hat das nichts zu tun, wenn Fabrikanten aus soundso viel Stoff soundso viel Blusen herstellen.

Als Kind spielte Fred mit Mutters farbigen Taschentüchern. Er schnitt Löcher hinein und zog den Teddybären Röcke an. Er habe auf den Ranzen bekommen, damals. Im Grunde habe sich aber seither nichts geändert. Noch heute sei es nichts als Spielen, wenn er zeichne, wenn er Skulpturen mache, wenn er Mode kreiere.

Paul Schrader, einer der bedeutendsten Drehbuchautoren und Regisseure Hollywoods, in einem Seminar auf die Frage nach der Arbeitsweise bei der Herstellung seiner Drehbücher: «Well, I play the ‹What if?-game›.»

Walter Schmidinger, auf deutschen Bühnen einer der grössten Schauspieler der Gegenwart, auf die Frage nach seiner Arbeitsweise: «Einfach spüin.»

In der Talkshow nimmt Fred seine Perücke vom Kopf und winkt damit ins Publikum.
«Eine Frisur kann man machen. Man kann sie zuweilen sogar ausziehen. Aber das Gesicht nicht. Den Ausdruck nicht. Mit dunkeln Brillen kann man vielleicht noch eine Art Maske aufsetzen. Eine Narrenkappe tragen ist nicht einfach, meine Damen und Herren. Und ich trage eine.»

Tschinggeli Vischer war eine vielbeachtete Cembalistin der Avantgarde. Andy Warhol lud sie nach New York ein. Sie sollte eine Reihe Konzerte geben. Für diese Anlässe bat sie Fred Spillmann, ihr zwei oder drei Abendkleider zu machen. «Dummes Zeug! Kommt nicht in Frage. Zieh deine alten Fetzen an. Nimm deinen Kopf mit, das ist das beste an dir. Nur wer keinen Kopf hat, macht es mit den Kleidern.»

Er hatte für sie einen Schnitt kreiert, der längst zu ihrem Markenzeichen geworden war: Mantel in Zeltform, einen schwarzen Rock mit Schlämpe als Stola. Dazu ein kleines Police-Mützchen.

Die Nacht ist tot. Überall. Das Nachtleben, tot.
Nur noch privat gibt's ein Nachtleben.

Freddy war eine Sphinx ohne Geheimnis.

Bis zum Nabel decolletiert, zuweilen, vorne und
hinten, weil er blutts Fleisch eben mochte, mit einer
Irokesen-Perücke vielleicht, weil ihm nach Stacheln
auf dem Kopf zumute war, einer riesigen schwarz-
weissen Sonnenbrille mit Kopfring, weil er gerade
heute keine Bügel auf den Ohren ertragen konnte, und
mit buntschillerndem Schmuck von Dali an den Fin-
gern (wobei er nicht mehr wusste, welche Seite nach
oben hin zu tragen war), man traf bei Fred auf eine
schrille Oberfläche.
   «Mit einem bunten Vogel will man Kontakt haben», sagte Fred. Kommunikation war gewährleistet
bei seinem Angebot.

Ein Foto aus den fünfziger Jahren auf der Basler
Pferderennbahn Schänzli: Fred Spillmann inmitten
einiger seiner Schöpfungen. Spielend erhebt sich die
gesellschaftliche Bedeutung des Anlasses zu einem
Ascot der kontinentalen Niederungen in der biederen
Modeprovinz Nordwestschweiz. Monsieur Péghy
steht für Clark Gable, am Arm Vivian Leigh, als Rhett
Butler und Scarlett O'Hara. Weitere Göttinnen unter
Modellhüten posieren mit Blumensträussen in der
Hand zur Linken. Rechts auf dem Bild der Meister
persönlich als Produzent David O. Selznick beim
Presseempfang nach Abschluss der Dreharbeiten zu
Gone with the Wind, strahlend nach vollbrachter tita-

nischer Arbeit, erleichtert im Hinblick auf einen zu erwartenden Grosserfolg beim Publikum, in klassischem dunklen Anzug über weissbraunen Golfschuhen.

Eine Zeichnung zeigt ein Hochzeitspaar von Menschenhunden. Lasziv, auf ihren Divan drapiert, ruht eine weisse Königspudeldame mit dekorativ in ihren duftig frisierten Pelzschleier verwobenen Haarmaschen, auf ein bequemes Kissen gelehnt, und präsentiert neckisch ihre frischrasierte Vulva. Ihr porzellanfarben gepuderter Menschenkörper, mit den jungfräulichen Brüsten, liegt feingliedrig ausgestreckt auf der Liege. Ein Bein leicht angewinkelt, steckt der Fuss noch im roten Stöckelschuh, während vom anderen elegant pedicurierten Füsschen der Schuh eben über den Rand des Bettes zu Boden gerutscht zu sein scheint. Ihre kupierte Schwanzquaste lugt elegant posiert unter dem kleinen Knackpo hervor. Arm- und Fussgelenke der Schönen weisen weisse Pelzmuffs einer mondän coiffierten Pudeldame aus. Die eine Hand, manicuriert und mit lackierten Fingernägeln, lagert, den Brillantring präsentierend, auf dem erhöhten Knie. Die andere lässt sie, wie schon den Fuss, lässig über den Rand der Liege hängen, auf dass ihr die Armreifen klingend übers Gelenk hinunterrutschen mögen. Den diskret geschminkten Blick hat sie, wie ihre feuchtglänzende Trüffel am Ende der schmalen Schnauze, auf den Bräutigam gerichtet.

Die tränennassen dunklen Augen und die nobel zurückversetzte Schnauze über den fleischigsanften Hängebacken auf den Blick seiner Holden fixiert, steht der Mops vor ihr. Die muskulöse Bulldogge mit zwar athletischem, aber naturgemäss gedrungenem Menschenkörper, ist, bis auf den schwarzen Zylinder auf dem Kopf und weissen Glacéhandschuhen, nackt. Seine Linke wie die Freiheitsstatue triumphierend in die Luft gestreckt, präsentiert er ihr einen Strauss weisser Knochen, eingewickelt in Seidenpapier. Während er verzweifelt seinen Ständer hinter der Sofarolle zu verstecken versucht, stösst er diese dabei unweigerlich, in die Form einer geknickten Wurst, auf die Angebetete zu. Die scharrenden Hinterläufe schieben, seiner blaublütigen Contenance zum Trotz, den seidenen Bettüberwurf in Falten.

Wenn Fred den Kochkünsten des Gastgebers nicht traute, nahm er bei der Einladung Wurst und Brot in der Tasche mit.

Heini war der ältere Bruder. Flieger. Konkurrent. Läckerlifabrikant. Confiseursohn heiratet in Grossmetzgerei hinein. Roter Teppich, Spalier am Rheinsprung und Jagdflieger am Himmel. Geschäfte, Abenteuer, Legenden. Er pilotiert eines Tages seine Maschine unter der Wettsteinbrücke hindurch. Doch Legenden wissen es besser: Es musste sich vielmehr um die Mittlere Brücke gehandelt haben. Alle, die dabei waren, und auch alle andern, könnten schwören: So knapp! Vor den Augen der staunenden Gäste im Café. Unterfliegen des Käppelijoch, zwischen zwei Brückenpfeilern hindurch. Wwwrrrooomm! Flog er nicht sogar kopfüber, im Kunstflug? Jedenfalls: Benzinflauten, Hochspannungsleitungen und andere Geschichten. Latein für Flieger, Jäger und Fischer.

Es hat in der Luft gelegen, damals: Ein Bueche, auch er ein Pilot, flog in Bern unter der Kirchenfeldbrücke hindurch.

Die Gebrüder Piccard jagten sich im Ballonflug gegenseitig die Höhenrekorde in der Stratosphäre ab. 15 781 Meter, 16 203 Meter – 17 500 Meter!

Ernst Udet, der berühmte deutsche Flieger, startet mit seiner 180 PS starken «Flamingo» auf dem Sternenfeld und fliegt seine legendären Immelmanns in den Himmel über Basel.

Vater Bell lässt den neuartigen Telefonapparat mit der Wählscheibe sofort wieder abholen. Seine Finger seien für die Wählscheibe zu dick.

«Hallo, Fräulein, hier Safran 9744, Bell am Apparat. Bitte verbinden Sie mich mit Birsig 3764.»
«Haben Sie noch keinen Selbstwähler?»
«Bei mir wird gestöpselt! Verstanden?»
«Ja, sicher. Aber Sie könnten auch selbst wählen.»
«Stöpseln hab ich gesagt!»
«Gut. Ich wollte es ja nur gesagt haben.»
«Also los!»
«Wie war nochmal die Nummer, bitte?»
«Mensch! – Birsig 3764. Hier Bell. Der berühmte Bell! Selbst am Apparat. Wissen Sie überhaupt, mit wem Sie es hier zu tun haben?»

«O mein Gott. Bitte entschuldigen Sie. Sind Sie nicht der berühmte Erfinder des Telefons?»

«Nein! – Das Bellwürstchen ist meine Erfindung. Aber machen Sie schon!»

Ein Thé dansant im Hotel Drei Könige. Lothar Löffler gibt sich im hohen Alter noch einmal die Ehre am Klavier. Es ist ein nostalgischer Nachmittag gegen Ende des Jahrtausends. Diskretes Kichern, feuchte Augen und Foxtrott. Monsieur Péghy als Eintänzer von Weltformat unterhält glänzend einen Tisch mit drei rotwangigen Damen.

Nein. Fred Spillmann und Monsieur Péghy haben nie geheiratet.

«Unverheiratete Männer sind Vorbilder. Die frömsten und gelehrtesten Leute dieser Stadt sind 1719 jene, die sich nicht verheiratet haben und denen die Gabe der Keuschheit gleich dem Apostel Paulus gegeben war. Es waren dies nämlich Dr. theol. Samuel Werenfels, Dr. theol. Jakob Christoff Iselin, Dr. theol. Johann Ludwig Frey, Prof. Dr. iur. Tonjola und Diakon Burckhardt.» Bachofen, p. 241.

Fred schreibt in einem Brief kurz vor seinem Tod, er sei dankbar dafür, dass ihm «Gott ein Leben geschenkt habe, so reich wie ein riesiges Erdbeer-Coupe».

Das vormalige Haus am Fuss des Rheinsprungs war im 18. Jahrhundert im Besitz des Bierbrauers Johann Jacob Erlacher, eines begeisterten Revolutionärs und Anhängers von Peter Ochs. Zu dessen Unterstützung gründete er 1797 einen «Patriotischen Club», der nach dem Versammlungsort in seinem Haus «Kämmerlein zum Rheineck» genannt wurde. Zur konspirativen Gruppe zählten wichtige Köpfe der künftigen Umwälzung in Basel, so der populäre Gastwirt des «Drei Könige», Ludwig Iselin. Der Französenfreund bewirtete in seinem «Trois Rois» denn auch Frankreichs neuen starken Mann, das Militärgenie General Napoleon Bonaparte.

Die allabendlichen Zusammenkünfte des Herrenkämmerleins dienten nach den Worten von Peter Ochs dazu, «die Gemüter nach und nach zu einer Veränderung vorzubereiten, auf die Ungerechtigkeit der Vorrechte und den Unzusammenhang des baufälligen Schweizergebäudes aufmerksamer zu machen, die zaghaften Landsleute mit Mut zu beleben und dennoch überall Ruhe und Ordnung zu handhaben».

Das Verschwörernest am Rheinsprung lag, nur ein paar Häuser davon entfernt, gegenüber des Blauen und des Weissen Hauses der Gebrüder Sarasin. Am 22. Januar 1798 fanden im Ballsaal des Blauen Hauses die Revolutionsfeiern statt. Am Abend war «Grand Ball bey Herr Lucas Sarasin, worbey, wie Gleichheit & Freyheit es mit sich bringt, Herr & Baur, Frauenzimmer & Perruquier tapfer getanzt haben».

Der Lällekönig am Rheintor wird auf Verfügung der neuen politischen Regenten 1798 demontiert und durch einen Freiheitshut ersetzt.

Der «berüchtigte sogenannte Lellenkönig», der im Zuge der Demontage aller an das Ancien régime erinnernden Embleme vom Rheintor entfernt worden ist, erhält am 18. Februar 1801 wieder seinen angestammten Platz.

Die Liegenschaft Rheinsprung 1 bestand ursprünglich aus zwei Häusern, dem «Obern Rinow» an der Ecke zur Eisengasse, gegenüber dem Zunfthaus zu Spinnwettern (heute Buchhandlung Wepf) und dem sprungaufwärts anschliessenden Haus «zer Hell».

Heaven and Hell. Daher der Teufel im Café.

In der «Spinnwättere» gab es elegante Tanznachmittage, Thé dansants, die von der Confiserie Spillmann mit Teegebäck beliefert wurden. Fred war als Kind vom Glamour dieser Welt so angezogen, dass er seine Schwester, die dicke Käthi, als Pferd missbrauchte, um von der Strasse her eine bessere Sicht in den Tanzsaal zu haben.

Als eines Tages Isadora Duncan dort auftrat, schickte man die Kinder weg. Zaungucker wurden nicht geduldet. Man fürchtete den Zorn der Primaballerina. Fred versuchte es vom Dach ihres gegenüberliegenden Hauses aus. Er stieg weit aufs steile Vordach hinaus auf die rutschigen Ziegel und hielt sich an der Zinne fest.

«1684 fuhr eine Dienstmagd im Schlitten den Rheinsprung hinunter und schlug an der Eisengasse an einen Buchbinderladen. Hat die Herzkammer eingeschossen, dass sie andern Tags den Tod gefunden.»

Daselbst. Im Mittelalter. Auftritt der 11 000 Jungfern. (Der arme Regieassistent!) Auf ihrer Wallfahrt in den Vatikan wetzen sie mit der heiligen Ursula barfuss von der Schifflände den Rheinsprung hoch, die Treppe hinauf zu St. Martin. (Denn viele Wege führen nach Rom.) Da sie das Schweigegelübde abgelegt haben, hört man nur ihre 22 000 Füsse auf dem Pflaster.

Flapflapflapflapflapflapflapflapflapflapflap.

«Es war domolen ein wiester bruch ze Basel mit dem büblin grifen (büblin = weibliche Brüste, boobs). Das was also gemein, auch in firnemmen hüseren, das selten ein magd aus dem hus kam, deren nit der husherr dise eer angethon hette.»

«Bey den Weibspersonen waren die Hauben ungemein gross und vielerlei. Fast täglich kommen neue auf. So gibt es sogenannte Tscheppelin, Gogelhauben, Markgräflerhauben, Kilchenhauben und Nachthauben.»

Der erste Zuckerbäcker war Alexander Soultzener aus dem Elsass, der 1840 die Liegenschaft Rheinsprung 1 erwarb und eine Konditorei eröffnete. Er liess zwei Galerien gegen den Rhein errichten. Seine Nachfolger waren der gleichnamige Sohn (1867),

Johann Heinrich Wirz (1871) und Emil Koch (1887).
Auf ihn folgte 1907 Heinrich Spillmann.

«Weilen 1767 wegen dem theuren Ancken und anderen üblen Folgen, auch weilen schon eine geraume Zeit, das viele Thee und Caffeetrinken völlig zur Mode worden, worzu man nicht nur überflüssig viel Milch, sondern sogar Milchrahm getruncken. Dessen vorzukommen, damit nicht aus dieser Kranckhait noch eine Sucht, die ohnedem so stark eingerissen, entstehen konnte, aus diesem Anlass hatten Unsere gnädigen Herren für gut befunden und erkand, dass der Stadt-Tambour Märckli durch öffentlichen Trommelschlag in der Statt hat publicieren müssen, dass niemand mehr bei 10 Pfund Straff kein Milchrahm kaufen solle. Solcher Anlas verursachte, dass diejenigen, wo von vinum rubrum starck geliebt, sich darwider oponirten und sagten, man möchte etwan glauben, sie wären auch von starckem Caffee-Trincken, wie sie, an die zitternte rothe Hochzeit gekommen; dessentwegen verlangten sie genugsame Satisfaktion.»

Ein ausgedehntes Frühstück im Café Spillmann gehörte zu Basels kulinarischen Klassikern wie Läberli in der Hasenburg. Am liebsten im hinteren Rondell in der Nische, frei hängend über den Fluten. Es gab frische Konfitüren aus Töpfen, und das Porzellangeschirr war aus Delft. Servicepersonal in Spitzenschürzen brachte Kaffee und Milch in Silberkannen.

Die barocke Üppigkeit der Schaufenster, mit meisterlichen Décors von Freddy um wuchernde

65

Zuckerlandschaften aus der Confiserie drapiert, stand für bessere Zeiten. Als Rosa Spillmann ihren Thron im Café mit 83 Jahren für immer verliess, sassen an den Marmortischlein nachmittags die Stammkundinnen von halb zwei bis sechs Uhr an einem Glas Tee zu siebzig Rappen. Gegen sechzehn Uhr liessen sie sich heisses Wasser bringen, zum Nachgiessen.

Eine Spezialität von Heini aus den zwanziger Jahren: Schmierseife über Nacht in den Kühlschrank legen. Morgens die erstarrte Masse herausnehmen. Mit dem Messer zu Kuben, Pyramiden und Kugeln schnitzen. Zu Vater in die Backstube gehen und die zugeschnittenen Formen in Schokolade trampieren. Schön abpacken in einen Geschenkkarton und in farbiges Seidenpapier einwickeln. Den Kleber mit Confiserie Spillmann nicht vergessen. Fertig. Mit der kleinen Aufmerksamkeit auf die Fussballwiese gehen. «Hier, magst ein Praliné?»

Die Backstube war im Untergeschoss. Der offene Aufzugskasten war mit einem metallenen Scherengitter zu schliessen. Im Treppenhaus, um den Liftkasten herum, schallte Lärm besonders laut den nackten Steinwänden entlang durchs Haus. Vater, in seiner Unterwelt, viele Stockwerke unter der elterlichen Wohnung im Dach, mit dem Backmeister am Eingiessen einer tranigsüssen heissen Füllung in Zinnformen oder beim Streichen des vorletzten Schokoladehasen, hatte immer einen Teppichklopfer bei der Hand. Sobald eines der Kinder herumbrüllte im Haus, besonders im Erdgeschoss, beim Café, liess er die

Arbeit stehen und schnaubte zornentbrannt mit dem Teppichklopfer die Treppen hoch, bis er sie zu fassen kriegte. Dann bekamen alle Dresche, ohne Ausnahme, verdelli nomol.

Hans-Ueli war der Kleinste. Ihn erwischte es als ersten, wenn Vater die Treppe hoch kam.

Der Heizungskeller diente als Bootswerft. Nach längerer Planungsphase im Herbst 1927 wurde das neun Meter lange, ultraschnelle Dreimannkajak im folgenden Winter von den Rheinfahrern Spillmann gebaut. Fachgerecht vom Kiel her mit Seitenspanten belegt, wurde es mit einer Stoffbedachung versehen und lackiert. Leider konnte es im Frühjahr nicht wie geplant vom Stapel laufen. Das Kellergeschoss des Hauses am Rheinsprung wies keine Türöffnungen aus, die es ermöglicht hätten, das lange Gefährt ins Freie zu wuchten. So blieb denn nur noch der Abbau des Bootes und dessen Verwendung als Brennholz.

Auch andere Pioniere scheitern in dieser schicksalsträchtigen Zeit:
– Die weltberühmte Tänzerin Isadora Duncan stirbt bei einem Autounfall in Nizza: Ihr Schal verfängt sich in den Speichen des Sportwagens und stranguliert sie.
– Aufgrund eines umstittenen Urteils in einem Indizienprozess werden in Boston trotz weltweiter Empörung die beiden Anarchisten Nicola Sacco und Bartolomeo Vanzetti auf dem elektrischen Stuhl hingerichtet.

– Prinzessin zu Löwenstein-Wertheim-Freuden-
berg ist bei ihrem Versuch, als erste Frau den Atlantik
zu überfliegen, gescheitert. Sie ist verschollen.
– Nach einer Kollision mit einem Kutter der Kü-
stenwache sinkt das amerikanische U-Boot «S4» bei
Princetown mit Mann und Maus.

In der Schönheitsfarm im Nebenhaus huschen
verschreckte Damen mit Gurkenmasken und farbigen
Turbans in weissen Bademänteln von Tür zu Tür.
Dazu sagen sie: «Ups!» Ab und zu wimmert ein
kupiertes Hündchen sein Leid. Das Wort Katastrophe
kommt hier oft zur Anwendung und bezieht sich auf
die Haltbarkeit von Lipgloss oder auf die Wirkung
eines neuen Produktes zur Entfernung von Nagellack.

Im Dach des Hauses, über der elterlichen Wohnung, waren die ehemaligen Dienschte-Zimmer und,
auf die Martinskirche ausgerichtet, Freddys Zauber-
garten mit den Schildkröten. Auch hier galt das rote
Farbprinzip. Rote Gartenmöbel auf rotem Keramik-
boden.

Dass sich sein Bruder Hans-Ueli nicht auf sexu-
elle Aventüren mit den Mannequins einliess, die bei
den Modeschauen beschäftigt waren, hat Freddy nicht
verstehen können. Er schenkte ihm eine Zeichnung.
Ein graubraunes Langhaarschaf steht verloren da und
schaut mit einem selten blöden Blick in die Welt
hinaus. In der Manier von Arcimboldis Malerei hat es,
statt seiner Tierschnauze, einen schlaffen mensch-
lichen Penis als Nase und einen traurig hängenden

68

Hodensack als Augen in den Kopf gezeichnet. Auf dem Rücken des Schafes sitzt, den Po dem Betrachter zugewandt, ein nacktes Model. «Schoofseggel.»

Die Eltern waren fürs Geschäft zuständig; für die Kinder und alles andere im Haus gab es Dienschte. Allen voran war da Anna. Als junges Mädchen kam sie Anfang der zwanziger Jahre hierher, nachdem ein Kerl sie geschwängert hatte. Oma nahm Anna mit ihrem Kind, dem Martheli, auf und gab ihr Arbeit. Sie blieb der Familie bis ins hohe Alter treu. Anna war der gute Geist des Hauses und diente für mehrere Generationen als Kindermädchen, war Köchin und leitete den Haushalt. Neben ihr gab es Hilfen, Wäscherinnen, Büglerinnen, Weissnäherinnen, Dienstmädchen, weiteres Küchenpersonal und andere Kindermädchen. Im Betrieb gab es Personal in der Backstube, Verkäuferinnen, Servierfräuleins und Ausläufer.

Mit weit über siebzig hat Anna dann noch einen Vogel geheiratet. Der hiess Vogel. Wie Fuchs oder Hummel, nur Vogel.

Wie beim Landadel galten Dienschte sowohl als Leibeigene wie auch als Mitglieder der Familie, die man hoch schätzte. Man behandelte sie mit Respekt und unterhielt gegenseitig ein fast eifersüchtiges Vertrauensverhältnis.

Dölfi war Deutscher. Er war klein und soff gerne. Er behauptete, Frontsoldat im ersten Weltkrieg gewesen zu sein, wie der Münch, der Jakob, der andere Ausläufer. Er war als Chauffeur und Ausläufer eingestellt worden, war aber recht eigentlich für alle handwerklichen Arbeiten im Haus am Rheinsprung zuständig. Denn guten Gewissens konnte man ihn als Fahrer nicht einsetzen. Mit dem alten Citroën-Lieferwagen kurvte er in den Strassen herum, dass es den anderen Verkehrsteilnehmern angst und bange wurde. Er fuhr einmal im dritten Gang an, mit schleifender Kupplung, oder hüpfte ein anderes Mal im ersten vorwärts, weil er einzukuppeln vergass. Er schnitt, wenn die Trambahn auf der Brücke von hinten nahte, den Fahrrädern den Weg ab, so dass diese sich, ans Strassenbord gedrängt, ineinander verkeilten und die Fahrer gleich reihenweise stürzten. Kopfschüttelnd schaute Dölfi dann in den Rückspiegel, während er weiterfuhr und schüttelte den Kopf: «Schau, wie die sich übereinander hermachen!»

Es gab Berufe, die aus dem Alltag vollkommen verschwunden sind. Es gab Kutscher, Bollenjäger, Lumpensammler, Zeitungsverträger, Dienstmannen, Rheinflösser, Galgenfischer und Barbiere. Es gab Bandabmesser, wie der Aenishänsli aus Gelterkinden, das Stadtoriginal mit der geblümten Markttasche und Basels erfolgreichster Plakettenverkäufer aller Zeiten. Es gab den Milchmann mit dem Pferdefuhrwerk, und es gab den Sandguschti, der seine Kiste flink durch die Strassen karrte. Nur der Fährimaa hat überlebt.

Ein Foto aus der Kindheit schaut sich Hansli mit seinen bald achtzig Jahren an. Plötzlich ist alles an-

ders. Schau mal, das bin ich, der kleine Junge. Hab'
eine Masche im Haar, da auf Mutters Schoss. Vielleicht ist das nur ein Schmuckband auf ihrem Kleid?
Sieht nicht so aus. Aber schau mal hier, die Mädchen-
haare auf diesem anderen Bild. War das damals Mode,
bei Knaben, solche Haare? Und da, im Wintermantel
mit den weissen Schühchen? Das ist doch ein
Mädchen, mit dem weissen Pelzkragen. Und hier!
Das ist doch ein Röckchen, das ich trage? Eindeutig.
«Dann hätte sie mich also auch als Mädchen geklei-
det, wie den Freddy? Papa hätte das doch nie zuge-
lassen! Kann ich mir nicht vorstellen.»

Ein anderes Bild: Die drei Jungen, vielleicht vier,
sieben und elf Jahre alt, schauen mit tödlichem Ernst
in die Kamera. Alle drei sind als Konditor eingeklei-
det. Weisse Schürze, weisse Haube und Holzkelle in
der Hand.

Oder man kleidete sie als Matrosen, kämmte sie
fürs Bild und setzte sie auf ein Kanapee. Das Mädchen
nicht. Das passte irgendwie nicht so recht ins Bild.
Käthi war grösser, war dick und war kein Knabe.

Dreissig Jahre später, drei Spillmann-Töchter,
drei gelbe Schottenröckchen. Oder drei blaue Falten-
jupes mit weissen Blusen.
Dabei wäre Lucie am liebsten ein Hippie gewesen.

H.-U.: «Meine Eltern hatten mit mir nicht viel zu
tun. Ich konnte mich gut selbst beschäftigen. Fand ich
eine Schnecke, so konnte ich stundenlang mit ihr

spielen. Die Schnecke hatte ihren schönsten Tag mit mir.»

Bibbi kam aus dem Schwarzwald und war als Kindermädchen für Fred angestellt worden. Auch sie blieb der Familie ein Leben lang treu. Sie erzählte, in ihrem Dorf hätte sie als junges Mädchen die Jungen wild gemacht, die ihr beim Kirschenpflücken die Leiter gehalten hätten. Sie hätte ganz bewusst kein Höschen unter den Rock angezogen.

Zur Mustermesse war in der Confiserie der Teufel los. Bis ins hohe Alter kam Bibbi jedes Jahr während dieser Zeit als Aushilfe zurück. Als sie, an Krebs erkrankt, im Spital lag, versicherte sie Fred: «Sag der Frau (Spillmann), sie solle sich keine Sorgen machen. Für die Mustermesse ist die Bibbi da.» – Und sie kam auch. Bibbi arbeitete bis zum Ende der Mustermesse in der Küche mit. Dann verabschiedete sie sich: «So. Jetzt kan i in Rue stärbe.»

Wie Hans-Ueli mit dem gleichaltrigen Martheli aufwuchs, so wuchsen dessen Töchter mit Mano im selben Haushalt auf. Mano war der kleine Bub der Zahnarztgehilfin. Sie hätte ihn weggeben müssen.

Wenn Vater Spillmann mittags um halb eins hungrig hinter dem Vorhang lauerte und seine Rosa mit den Kundinnen schwatzte, war Dölfi mit dem Lieferwagen schon ausgesandt worden, um den säumigen Hans-Ueli auf dem Schulweg einzusammeln. Er vergass beim Gluggere regelmässig die Zeit. Martha, die alte Verkäuferin mit dem riesigen Busen, wurde am Ellenbogen gepackt, und es wurde ihr eingeschärft, nachzuschauen, ob es sich an der Kasse um eine wichtige Kundin handle. Wenn sie mit der Nachricht zurückkam, sie wisse es nicht, schnaubte Vater: «Fahr ab, du dummi Gans!»

Vom Hundertsten ins Tausendste kommen. Dabei die Welt vergessen. Das scheint sich in diesem Haus über die Generationen durchgesetzt zu haben. Bei der Arbeit. Im Spiel. Im Krieg. Im Frieden.

Gleichzeitig auf etwas beharren und nachgiebig sein.

Einlenken. Kämpfen. Es besser wissen. Drüber stehen. Drunter leiden. Eine Lösung finden. Sich etwas sagen lassen. Aufbegehren. Ausblenden. Sich verdammt wichtig nehmen. Loslassen. Dranbleiben. Keinen ausreden lassen. Zuhören können. Auf die Schippe nehmen. Sich einmischen in Dinge, die einen nichts angehen. Unterstützen. Sich echt sorgen. Geben.

Die drei Brüder stehen nebeneinander in Positur auf dem Foto, im selben Harlekinkostüm aus Seide. Sie tragen mächtige Pluderhosen und Tigerfinkli mit Pompon, grosse Knöpfe auf enger Jacke mit riesigem weissen Kragen.

Fred zeichnet sich als Erwachsener, nackt, mit dem Rücken zum Betrachter, entspannt auf einer Liege ruhend. Auf der Nase sitzt eine seiner ausladenden Brillenkreationen, die in der zweiten Lebenshälfte zu seinem Markenzeichen wurden. Wie Irrlichter tanzen lustige kleine Harlekins mit mächtigen Pluderhosen und einer Straussenfeder auf dem Kopf einen Reigen um ihn herum. Die Figuren sind leicht als erigierte männliche Glieder zu erkennen. Die kleinen Kobolde erinnerten auch an frische Knoblauchknollen, hätten sie nicht diesen weissen Schweif als Kopfschmuck, der wie ein elegantes, kaltes Flämmlein in den Himmel ragt.

Fred liess in der Besenkammer neben dem Lift zu seinem roten Refugium im Entree eine geheime Wandtür einrichten, die direkt in sein Schlafgemach führte. Kaschiert war sie durch einen Spiegel. So konnte er empfangen, wen er wollte, ohne dass jemand anderer davon erfuhr. Auf diese Weise konnte Monsieur Péghy, unbehelligt vom nächtlichen Treiben, im Wohnzimmer fernsehen. Schranktüren erinnern an französische Komödien aus den letzten Jahrhunderten. Labiche, Marivaux, Liebesspiele von Edelleuten und Zofen. Geschickte Türdramaturgie diente der hohen Schule der Verführung, sie lief präzise ab wie ein Uhrwerk. Schillernde Kostüme camouflierten die gebrochenen Herzen der Liebhaber, gekonnte Dialoge umflorten Tränen der Wollust.

Mit acht Jahren war ihm, dem Sohn des Confiseurs, klar, dass er einst Zahnarzt werden müsse. Seine Zähne waren durch den beispiellosen täglichen Zuckerkonsum so verheerend von Karies befallen, dass ihm keine Wahl blieb, wie ihm schien. Alle litten an der Krankheit, seine Brüder, seine Schwester; die ganze Familie.

Linderung von Zahnschmerzen erfährt nach alter Sage lediglich, wer bei zugefrorenem Rhein auf der Eisfläche dreimal das Käppelijoch umkreist. Seit dem Mittelalter wagen sich Schmerzgeplagte bei Bildung jeder, auch noch so dünner Eisschicht auf den Rhein hinaus.

Der Briefkastenonkel der Basler Nachrichten, am 29. Februar 1884, an eine Zahnwehleidende: «Sie schildern Ihre Zahnschmerzen so drastisch, dass sich unsere eigenen Zahnwurzeln darob empören! Wir bitten Sie inständigst, uns mit Ihren Wurzelgräbereien vom Leibe zu bleiben und einen schmerzlosen Zahnarzt zu konsultieren.»

Im Waschzuber auf der Dachterrasse war das offene Meer. Alleine, oder zuweilen auch zu zweit, konnte man im Eisenbottich vor dem Waschhaus, der mit lauwarmem Wasser gefüllt war, im Sommer den Ozean überqueren. Dazu verwendete man als Paddel den Holzstössel aus der Wäscherei und ruderte los, über die Dächer der Stadt. Reinpinkeln war tabu.

Am Strand von Borkum schützen die blauweissen Strandkörbe vor dem Wind. Die Kinder tragen Badekostüme und frieren. Um Seehunde anzulocken, liegen sie im Sand und richten den Oberkörper auf, den Kopf in Richtung des Meeres. Wie die Robbenkinder geben sie Laute, sogenannte Heuler, von sich. Vater, eine imposante Figur in grauem Anzug mit Gilet und steifem Kragen, eine Hamburger Schiffermütze auf dem Kopf, schiesst drei Seehunde. Für jeden Jungen einen.

Auf dem Bild liegt Hans-Ueli in einem unmöblierten Raum auf dem mittleren von drei Robbenfellen am Boden. Die Köpfe der geschossenen Tiere sind im Dreieck gegeneinander angeordnet, als würden sie sich anschauen mit ihren grossen dunklen Augen und dabei lächeln, wie das Kind, das stolz auf ihrem Rücken reitet.

Am Anfang war die Arbeit. Da stand ein Berg, der musste abgetragen werden. Jeden Tag von neuem, musste jeder mithelfen, diesen Berg abzutragen. Das war die Bestimmung. Und die gilt noch heute.

Als Kinder hatten sie es gut. Sie durften sich entwickeln, wie sie wollten. Käthi, die Älteste, wollte sich nicht entwickeln. Sie war phlegmatisch.

Zwei Stunden warten, bis man ins Wasser springen darf und dabei eine ohnmächtige Wut auf die Willkür der Erwachsenen in sich hochkommen spüren. Alleine mit dem Fischerboot weit hinaus auf den See rudern und in einem Winnetou-Roman das nächste Kapitel lesen. Mächtig sitzt der Vater mit gewölbtem Bauch nach dem üppigen Mahl beim Bootshaus am Gartentisch im Halbschatten der Birke und raucht seine Pfeife. Er wird immer kleiner. Den Homburg hat er kaum merklich zurück in den Nacken geschoben und trägt eine dunkle Brille.

Wenn die Damen im Sommer ein kühlendes Bad im See nahmen, dann gingen sie in das Bootshaus, damit man sie nicht im Badekostüm sah. Dort war eine Badetreppe eingerichtet worden, über die sie ins Wasser steigen konnten. Man hörte sie plantschen und laut kreischen, wenn sie sich endlich hineingewagt hatten.

Auf der Wippe, das alte Spiel, das durch die Generationen geht: Die Kleinen kraft ihres eigenen Gewichts in der Luft hängen lassen («verdursten lassen»), bis sie schreien. Dann mit einem Ruck absteigen. – Nie mehr wollen die dann mit einem auf die Wippe.

Geissbergers Heidi war mutig. Sie beschloss, sich in ihrem schneeweissen Badekleid den Blicken der Männerwelt auszusetzen. Kokett stieg sie die Stufen der Zementtreppe an der Aussenwand des Bootshauses, eine nach der anderen, langsam hinunter und schaute auf die Wirkung bei der Jassrunde am Ufer. Was ihr dabei nicht auffiel, war, dass Enten diese Treppe gewöhnlich als Klo benutzten. Die Stufen waren äusserst glitschig. Was so elegant begonnen hatte, endete unweigerlich in einem Fiasko. Auf dem grünlichen Matsch vollführte Heidi eine bühnenreife Stepnummer, bevor sie der Länge nach hinplumpste. Ihr Badekostüm war jetzt mehrheitlich von grüner Farbe.

Auffallend auf den Fotos, für die man posiert: Jeder hat etwas zu verbergen. Auf dem Bild sind die drei Brüder mit Onkel Konrad zu sehen, alle im Frack und Zylinder. Der Kleinste sitzt in der Mitte auf dem Sessel, während die anderen stehen. Man soll nicht merken, dass er noch nicht ausgewachsen ist. Der Onkel hält die Hände hinter dem Rücken versteckt. Er war Schmied von Beruf und hatte massige Pranken als Hände. Die wollte er in diesem feinen Aufzug nicht zeigen.

Auch Blicke suchen zu verstecken. Auf dem Verlobungsfoto von Käthi und Max in der Seehalde: Die Ungeduld des Paares im Blick, der holde Liebe ausdrücken soll. Einzig der Hund, den man zentral im Bild vor die Festgemeinde plaziert hat, liegt völlig entspannt auf dem seidenen Kissen. Es entsteht so der Eindruck, als würde es sich um eine Feier zu seinen Ehren handeln.

In diese Zeit fällt auch Heinis Absturz vom Himmel. Der hatte immer ein saumässiges Glück. Auch bei den Frauen. Bei allen, bei den schönsten, immer. Von Genf her kommend, hatte er zu wenig Benzin in den Tank seiner Breitler gefüllt. Es reichte nicht bis Basel. Die Maschine – eine Fiat – fing an zu stottern, und er musste bei Liestal runter. Da waren diese Hochspannungsleitungen, diese Masten überall, da kam er grade noch drüber, und dann diese Apfelbäume, da kam er nicht mehr dazwischen durch. Es riss ihm beide Flügel ab. Und dann blieb er stehen. Er stieg aus. Und die Frauen bewunderten ihn.

Weil Vater, der Konditor, am meisten Platz einnahm, wählten ihn die Knaben beim Fussballspiel als Torwart. Den Hut zog er aus, den Kittel auch, aber die dunkle Brille und die dicke Zigarre blieben. Erster Schuss, Volltreffer. Eine gezielte Direktabnahme mit der Fussspitze, gepfeffert frontal auf Nase, Brille und Zigarre. Bis zum Halszäpfchen wurde sie hineingestossen und war in seinem Schlund verschwunden.

Oma trug zu den roten Kleidern auch entsprechende Hutmodelle in Rot, die ihr Fred verpasste. Manche waren kleine Kunstwerke, die von weitem an Hahnenkämme erinnerten oder an den Kopfschmuck von tibetanischen Palastmönchen. Dazu trug sie, mit den Jahren etwas schäbig wirkende, weil abgetragene Pelztiere um die Schultern und hatte einen Blick wie die reife Therese Giehse. Wenn sie um die Gunst der Polizei buhlte, die an der Schifflände von ihrem Posten aus ihr Unwesen trieb, dann machte sie sich mit einer Ladung Mohrenköpfe und Japonais unter dem Arm auf und betrieb aktive Bestechung von Beamten. Für eine begrenzte Zeit konnte Dölfi dann den Lieferwagen wieder unbehelligt vor dem Haus am Brückenkopf stehen lassen.

Viel einfacher zu lesen sind im Familienalbum Bilder, auf denen offensichtlich Szenen für die Kamera gespielt werden, Szenen, die an ein Publikum gerichtet sind. Sie teilen sich einfacher mit, weil Absicht und Aussage identisch sind. Es wird nicht versucht, etwas zu verstecken, sondern etwas zu zeigen: An der geöffneten Zimmertür steht Trudi, eine Hand provokant in die Hüfte gestützt, die andere am Türgriff, mit einem gattenmordenden Blick. Sie gewährt ihrem Ehemann endlich Einlass. Hans-Ueli poltert, ohne auf Trudi zu achten, an ihr vorbei, in den Raum hinein, während er, offensichtlich, da mit hässlich verzogenem Mund, eine wüste Schimpftirade von sich gibt. Sie spielen «Szenen einer Ehe», oder, wahrscheinlicher, «Who's afraid of Virginia Woolf?», da es sich um ein Foto aus den frühen sechziger Jahren handelt. Ein Standfoto aus den Proben für die deutsche Fernsehfassung mit Lilo Pulver und Werner Peters.

Ruth hilft bei der Wäsche. Das kleine Mädchen erkennt am allmählichen Nachlassen der Drehzahl, dass der Motor die Schwingtrommel nicht mehr antreibt. Also ist der Waschgang beendet. Obwohl die Trommel noch mit voller Geschwindigkeit von alleine dreht, fasst sie hinein in die Wäsche, um sie herauszuholen. Ihre Armknochen bricht sie sich dabei gleich mehrfach.

Lucie darf auf die Kunsteisbahn. Ihre Freundin wartet beim Margrethenpark, sieht Lucie auf dem gegenüberliegenden Gehsteig und winkt. Lucie strahlt und winkt zurück. Sofort rennt sie über die vielbefahrene Strasse. Sie wird von einem Auto in voller Fahrt erfasst und durch die Luft geschleudert. Mit einem gefährlichen Schädelbruch überlebt sie den Unfall.

Daniela ist ein widerspenstiger Balg. Im Zoo will die Kleine um keinen Preis der Welt zurück in den Kinderwagen. Lucie packt die kleine Schwester mit

Gewalt, hebt sie hoch, um sie hineinzuhieven. Doch Danielas Wille ist stärker: Sie zappelt und schlägt um sich, bis Lucie sie nicht mehr halten kann: Die Kleine fällt. Eine komplizierte Oberschenkelfraktur ist die Folge, welche nur mit monatelangem Liegen in Extensionslage geheilt werden kann.

Es gibt solche Epochen: Schlag auf Schlag auf Schlag. Im selben Jahr stirbt der Opa Confiseur und Max kommt ums Leben.

Sparen auf eine Kuckucksuhr. Eltern wollen einem keine schenken. Auch diese Tragödie geht durch die Generationen, seit die Kuckucksuhr erfunden wurde.

Der Vater von drei Töchtern auf Fotos: Er hebt tanzend vom Boden ab, fliegt im Freibad wie Batman durch die Lüfte, Wolken am Himmel als Hintergrund, oder segelt beim Weitsprung in stiebendem Schnee, meterweit über dem festen Grund. Wundersam schwerelos, überspringt er ohne Mühe jedes Hindernis.

Schwere Dramatik zeichnet die Gesichter, bleierne Last die Körper, als die drei Mädchen sich beim Schachspiel gegen den Vater den nächsten Spielzug überlegen.

Kein Mensch ist ihm beim Pingpong-Spiel gewachsen. Keiner.

Wenn er abends nach Hause kommt, gibt er ihnen als erstes eine knifflige Aufgabe zu lösen. Etwas zum Studieren.

Warum Trudi ihren Töchtern nur Zutritt zum Wohnzimmer gewährte, wenn Besuch da war: Ihr Mann erzählte, dass er als Kind mit seinen Brüdern Schlachten quer durch die elterliche Wohnung führte, wenn sie alleine waren. Vom Esstisch aus jagten sich die drei mit Siphonflaschen und bewarfen sich mit Reisbrei und Apfelmus.

Jassen war immer heikel. Es flogen die Fetzen. Man spielte täglich und in fester Formation, Heini mit Hans-Ueli, Vater und Mutter. Und Vater hatte zusätzlich seine eigene Jassrunde mit den Herren Geissberger, Schneeberger und Imhof.

Trudi verstand die Welt nicht mehr, als sie, frisch verheiratet, in diese Familie kam. Wo war sie da bloss hineingeraten? Am Heiligen Abend, unter dem Weihnachtsbaum, der von Freddy mit so viel Liebe verzaubert worden war und der wie ein preziöses Schmuckstück warm im festlich dekorierten Raum hoch über dem Rhein glimmte – wurden Karten gedroschen! Die Runde formierte sich, kaum waren die ersten schönen Lieder abgesungen. Trudi schloss sich in ein Zimmer ein.

Man schickte nach ihr. Max übernahm die heikle Mission, die neue Schwägerin aus ihrem Versteck zu locken. Man bot ihr an, mitzujassen, zur Beruhigung, sozusagen. Trudi war keine Spielverderberin. Als sie merkte, wie ernst es dem Vater war, das Spiel zu gewinnen, unterstützte sie ihn dabei. Als seine Gegnerin unterliess sie es bewusst, die vier Damen ihrer Spielhand auszuweisen. Als er dahinter kam, brach die Hölle los. Der Heilige Abend wurde für abgehalten erklärt, und man zog sich endgültig in seine eigenen Gemächer zurück.

1727: «Weil sich die Mägde oft so köstlich wie ihre Herrschaften und die Frauen der Hintersassen so vornehm wie Bürgerinnen daherkommen, wird ihnen verboten, fortan halbseidene und seidene Kleider zu tragen, ausser den Hauben, doch diese ohne Gold- und Silberschmuck und ohne Samt.»

«Wegen Missachtung des Ratsmandates, nachdem es untersagt ist, mit Larven in der Stadt herumzulaufen, wird mit Haft und hohen Geldbussen bestraft: Hans Müller, Schulmeister zu St. Peter, Johann von Schala, Provisor aus Sitten, Jodocus Breitschwert und Batt Meyer.» 17. März 1546.

Selbigentags wird berichtet, dass ein Kleinbasler Hafner, der dem Gesellschaftshaus zu Haeren gegenüber wohnte, sich an einer kleinen Stange erhängt hätte, nachdem er sich im Rausch mit dem Henker gestritten hätte. Er wird in ein Fass geschlagen und vom Käppelijoch in den Rhein gestürzt, wie es bei Selbstmördern üblich ist: «Trunkenheit raubt den Verstand; darum sich alle frommen und ehrbaren Menschen davor hüten.»

Der mehrfach vom Rat wegen Völlerei und «bacchantisschen Lebens» zu Haftstrafen und Geldbussen verurteilte Jodocus Breitschwert wird 1552 von der Pest ergriffen und redet in seiner Krankheit irre bis zu seinem Tod. «Er ist ein gottloser, schandbarer und ehrloser Mensch gewesen, ein Trunkenbold und Verächter aller Pfarrer und der ganzen Religion. Und doch haben unsere Prediger seinen christlichen Tod sehr gerühmt …»

Monsieur Péghys Wohnung, zwölf Jahre nach dem Tod des Meisters, ist wie eingekochte Essenz ihres gemeinsamen Lebensweges. Freds rote Möbel, Pelzdecken; jeder nur denkbare Platz auf Kommoden und an Wänden ist genutzt für Reliquien, Bilder und Erinnerungsstücke. Sogar die Hunde leben in Plüschexemplaren auf den Betten fort.

Der Strom drängt ins Meer der Erinnerungen. Schleusentore werden geöffnet, wenn die Rede von Paris nach Ende des letzten Weltkrieges ist. Es war der grosse Aufbruch, das Nachholen von Lebenslust nach der langen Zeit der Entbehrungen.

Nachtlokale, elegante Tanzbars, die ihre Tore schon zum Apéritif vor dem Mittagessen öffneten und die grossen Hotels der Seine-Stadt waren seine Welt. So oft es ihm das Gehalt erlaubte, machte er sich, herausgeputzt und in besten Anzügen, mit dem Fahrrad auf, in die grosse Welt. Die Begegnung mit Fred war wie im Märchen. Péghy arbeitete als Näher und Ausläufer im Couture-Geschäft Jacques Fath. Dort erschien Fred mit seinen Freundinnen, Baronin von Gonthard und deren Tochter Baby Berghaus. Die Damen liessen sich ihre Einkäufe ins «Crillon» bringen, wo Fred mit den beiden schwerreichen Amerikanerinnen hauste. Péghy war der Ausläufer. Abends begegneten sie sich ein drittes Mal, im Nachtlokal am Montmartre. Péghy liess sein Fahrrad für mehrere Tage vor dem Lokal stehen. Er war im Hotel Crillon eingezogen.

Die Baronin sollte ihr Leben lang zu Freds besten Kundinnen gehören. Sie versuchte, aus ihm einen Weltstar zu machen. In Paris wollte sie ihm an den Champs-Elysées ein Modehaus einrichten, in New York hatte sie ein Lokal in der Fifth Avenue für ihn bereit. Aber Fred wehrte ab. Er fühlte sich in Basel heimisch, konnte sich da in seinem roten Bunker hoch über dem Rhein am besten von der Welt zurückziehen und arbeiten.

Die Welt von Paris wurde nach Basel geholt. Nachdem Christian Dior in Paris neben der Haute Couture die erste sogenannte Boutique eröffnete, war es 1949 Monsieur Péghy, der am Rheinsprung, im Laden unter Freds Salon, die Entsprechung bei Spillmann schuf. In den ersten Jahren verkaufte er ausschliesslich Luxus-Accessoires.

Die Boutique war eine Art Labor für Freds überbordende Kreativität. Die Schaufenster, zu deren schwelgerischen Üppigkeit Fred und Péghy beide beitrugen, waren stadtbekannt. Das eine unmittelbar neben dem anderen, Tür an Tür: Confiserie und Boutique.

Man stattete die Haute Volée aus und war bei entsprechenden Anlässen selbst gerngesehener Gast. Cocktails, Empfänge und rauschende Feste wechselten sich ab. Das Leben spielte sich in den Ballsälen ab, im Palace von Gstaad oder in St. Moritz, auf dem Bürgenstock, im Majestic in Cannes oder in Baden-Baden an den Pferderennen. Kleider wurden kreiert für den Wiener Opernball, und man lieferte die gesamte Ausstattung für private Bälle, bis hin zu künstlichen Blumenarrangements und, wie bei der 200-Jahr-Feier des Wenkenhofes in Riehen, eine zentnerschwere Zuckertorte in Form des Anwesens, samt Herrschaftshaus.

Fred ging jedes Jahr mit einer Delegation von Basler Stadtpolizisten ans Polizeifest nach Liestal. Uniformiert und mit blauem Bobbyhelm über der weissen Riesenbrille, amüsierte er sich dort, zu Péghys Verdruss, köstlich.

Beamte vom nahen Polizeiposten an der Spiegelgasse tranken bei Fred ihren Schlummerbecher, um das Ende der Schicht abzuwarten. Oft kamen sie schon um zehn, wenn sie um Mitternacht ihren Dienst beendeten. Fred unterhielt ein gutes Verhältnis zur Polizei; auch zur Sitte.

Das Traumpaar unter Basels schillernden Figuren war Fred Spillmann und die Kunstmalerin Irène Zurkinden. Sie harmonierten nicht nur perfekt im Gestus ihrer grossen Auftritte. Sie waren als Monstres sacrés auch die Triebfedern einer Kultur, die mit ihnen unterging. Freunde fürs Leben, waren sie von ihrer Jugend an bis zum Tod lebendige Avantgarde.

Für den Künstlermaskenball wurden Kostüme sorgfältig gestaltet und mit viel Aufwand gefertigt. Irène Zurkinden erscheint nackt in einem Netz als gefangene Loreley.

In der Dichte von Porträts und Darstellungen von Fred Spillmann an allen Wänden durch verschiedene Künstler fallen zwei besonders auf: Eine grosse Ersthaftigkeit und Tiefe im Blick ist auf beiden zu erkennen, beim sechzehnjährigen wie beim sechzigjährigen Fred. Die sensible Mundpartie deutet bei beiden, kaum merklich, auf zurückgehaltene Tränen hin. Beide Bilder hat Irène Zurkinden gemalt.

Umrahmt von kleinen Porträts, die Fred von seinen besten Kundinnen und Freundinnen gezeichnet hat, hängt ein grosses Bild von Irène Zurkinden. Mit wuchtigem Strich gemalt, stellt es Eva dar, mit knielangem roten Haar. Im Baum, unter welchem sie steht, erscheint die Schlange mit dem Apfel. Einen Adam gibt es nicht in dieser Szene.

Madonnen haben Fred fasziniert. Mehrere Ausführungen von Standbildern in verschiedenen Grössen sind in Péghys Wohnung ausgestellt. In üppiger grauer Spitze über schwerem Violett des Samtkleides steht Madonna, umrahmt von allerlei Schmuck. Im Arm hält sie einen kleinen Mann, der wie ein Kobold in Bischofsmontur aussieht. Die Mutter Gottes lächelt ihn mit ihrem kunstvoll aus Seife gefertigten Gesicht an und sieht dabei Mutter Rosa Spillmann täuschend ähnlich.

Neben dem roten Bett steht ein Reisekoffer aus weissem Leder, mit den Initialen F. S. Er steht seit zwölf Jahren da.

Freds erotische Zeichnungen stellen Fabelwesen dar. Ausgehend vom lasziv auf einem Thron sich darstellenden Menschenkörper, tragen sie aber Geierköpfe, Krakenarme statt Beine oder Drachenflügel. Geschlechtsteile scheinen, wie losgelöst, irgendwo, plötzlich und mehrfach auftauchen zu können, so wie Augen auf einem Busen vorkommen oder Ohren als Brustwarzen. Gesichter schauen mit drei nebeneinander liegenden Augen, oder es raucht ein vollständig in ein Tuch gehüllter Kopf eine Zigarette. Ein Katzenvogelwesen mit Flossenarmen wird von einer Dompteuse gezüchtigt, die einen ganzen Reigen von Phallen vorzuführen scheint. Arschgesichter schauen zu.

Alles was Fauna und Flora boten, war in der Boutique, kunstvoll umgesetzt, als Accessoire zu haben. Von Seidenblumen in allen Farben über Porzellanfiguren bis zu gläsernen Eiszapfen gab es alles zu kaufen, was man zur Dekoration verwenden konnte. Seidenschals, Schmuckkreationen und das eigene Parfüm wurden feilgeboten. Berühmt waren die Boules de neige Spillmann und die Seifenherzen, die sich die Basler alle gegenseitig zu Weihnachten schenkten.

Doch bedeutete ein solches Geschenk auch einen sicheren Wert, denn man konnte es jahrelang im Schrank lagern und für den Notfall bereithalten, wenn zum Beispiel ein vergessener Geburtstag auf einen Sonntag fiel. Im Gegensatz zu verderblicher Ware, wie Torten oder Pralinen, hatten diese Seifen eine wesentlich längere Halbwertszeit.

Einpacken, ausstatten, ankleiden, inszenieren, spielen. Fred war Schöpfer von Gesamtkunstwerken. Von der Nadel auf dem Modellhut über das Kleid und den Schmuck, bis zu den Schuhen war alles création Spillmann.

Ob grosse Modeschau oder andere jährlich wiederkehrende Anlässe wie das Osterfest, Weihnachten oder seine Einladung am 25. November, zu St-Catherine, dem Fest der Schutzheiligen der Näherinnen und der Modistinnen, immer erfand und kontrollierte Fred jedes Detail. Er stand in der Küche und bereitete zwölfgängige Menüs. 24 Gedecke fasste sein Esstisch, mit goldenen Untertellern, auserlesenem Porzellan und Kristallkelchen aus Baccaraglas.

Er kreierte Damenschuhe mit Plateausohlen im Jahr 1960, zehn Jahre bevor die Modewelt davon ergriffen wurde. 1937 entwarf er Seidenkothurnen mit 15 Zentimeter hohen Sohlen.

Die leichte Häppchenküche mit auserlesenen Spezialitäten, die Fred kreierte, ging der Welle von Nouvelle cuisine um Jahre voraus. Als der Trend in der Mode-Gastronomie ausbrach, wandte er sich degoutiert ab und kochte fortan Erbsensuppe.

Er servierte ein gewöhnliches Rührei und nannte es «Josephine Baker». Dazu erzählte er, wie er in der Garderobe des Pariser Olympia auf einem Meta-Kocher für die Künstlerin eben dieses Rezept kreiert hatte. Unter schwierigsten Bedingungen gegen einen Pelzmuff eingetauscht, hatte er einer russischen Grossherzogin das Rezept, wenn er einen ganz einfach zubereiteten Randensalat auftischte.

Ein Foto aus den sechziger Jahren bestärkt die Madonna-Phantasie: Feingliedrig, fast wirkt er ausgemergelt, sitzt Fred am Festtisch, wie der kleine Kobold. Daneben, wie ein heiliges Nilpferd, Mutter Rosa, mit dem roten Kleid und der solid eingebrannten Dauerwelle im weissen Haar, das Damentäschchen bescheiden vor sich auf den Knien. Dazwischen schwebt ein Engelein. Es handelt sich um ein zierliches Mannequin mit der Oberweite eines Chorknaben und dem blonden Haarturm von gut und gerne einem halben Meter Durchmesser.

Bei anderer Gelegenheit posierte er inmitten seiner Mannequins lieber als Roi soleil (mit der entsprechenden Perücke, wohlbemerkt) oder im weissen engen Anzug, wie ein Kaschmir-Yogi in Levitation, im Schneidersitz auf seinem goldenen Chinchilla-Thron.

Monsieur Péghy war der schöne André aus Clermont-Ferrand. Als heissbegehrter Jüngling zog er nach Paris und hinterliess in seiner Heimatstadt une postière, une laitière, une hôtelière et une fleuriste, die ihm nachweinten, weil es mit der Verlobung nicht klappen wollte.

Dann kam die Geschichte mit der sehnsüchtigen jungen Frau, die ihren Mann im Krieg hatte. Eines nachts rutschte sie unter die Bettdecke zu André und wurde prompt schwanger. Zum Glück kam ihr Mann bald darauf nach Hause. So kam das Kind noch rechtzeitig zu einem Vater. André blieb noch, die Torte für die Taufe zu backen.

Gelernter Pâtissier-cuisinier, machte er bei Jacques Fath in Paris eine Schneiderlehre. Er sah so gut aus wie Rock Hudson und Cary Grant zusammen. Dass Fred Spillmann an jenem Tag mit den beiden Amerikanerinnen in dieses Geschäft kam, war Bestimmung.

Dicke Freunde sind Hans-Ueli und Felix seit Anfang der zwanziger Jahre. So dick, dass jeder für den anderen noch heute in den Rhein springen, das letzte Hemd geben oder ihn bis aufs Blut und mit dem Messer verteidigen würde.

Als Banknachbarn in der Spalenschule lernten sie lesen und schreiben, gingen bis zur Matur zusammen ins Humanistische Gymnasium, spielten als Spitzenhandballer in den selben A-Mannschaften, und sie gingen gemeinsam in die Tanzstunde, zur Künzberg über dem Rhein, bei der Eisfabrik (War das nicht eh die Mutter von der Bickel gewesen?). So was prägt. Ferien verbrachten sie gemeinsam, und die Bräute hüteten sie sich gegenseitig, wenn der eine für einige Zeit nicht da war.

Felix blieb nicht wie geplant drei Monate in Amerika, sondern bis zum Ende des Krieges. Jene Braut entglitt Hans-Ueli in der Zwischenzeit.

Hans-Ueli heiratete in der Schweiz, Felix heiratete in Amerika, und der Krieg war zu Ende. Gemeinsam ging's auf Hochzeitsreise, im Auto von New York nach Florida. Ein Strassenkreuzer, aber Occasion, brach der Wagen ein erstes Mal in Philadelphia zusammen. Es folgte der erste Krach zwischen den Jungvermählten: Auf dem Hinterhof der Autowerkstatt droschen die Herren verdrossen ihren Jass, während die Damen die Wartezeit mit Daumendrehen überbrückten.

Der nächste Krach folgte am Strand in Florida, als die Herren tagelang in den Jasskarten versanken. Die Damen waren böse. Sie hätten gmüedet und gstürmt.

Nach dem Fiasko wegen der zu kleinen Bootswerft im Untergeschoss des Hauses am Rheinsprung wurde die Idee zum Bau eines ultraschnellen Kajaks einige Jahre später von Felix und Hans-Ueli wieder aufgenommen. Sie konstruierten, wieder im Heizungskeller neben der Backstube, statt des Dreisitzers, nun einen in der Länge äusserst knapp bemessenen Zweierkajak. Eigentlich war er zu klein für zwei, aber wenigstens ging er diesmal mühelos um die Ecke bei der Treppe. Im Februar war dann bereits Stapellauf, und bei Lufttemperaturen um den Gefrierpunkt ging's auf Jungfernfahrt vom Birskopf hinunter zur Schifflände. Bei der Wettsteinbrücke geriet das Gefährt ins Widerwasser eines Pfeilers und kenterte. Kopfüber im Unterwasser des Strudels zappelnd, konnten sich die beiden Pioniere nur mit grösster Mühe aus eigener Kraft befreien und sich bei der Pfalzbadeanstalt an Land retten.

Der Skiclub Basel organisierte Lager für Knaben in Davos und in Disentis für Mädchen. Felix und Hans-Ueli wurden nach Disentis geschickt. Mutter Spillmann fand es besser so, wegen der Rauheit, die unter den Knaben herrsche.

Im Negresco in Nizza war die weltbekannte Operndiva Nellie Melba abgestiegen. Noch einmal war sie 1926 in den Süden Frankreichs gekommen, um hier an der städtischen Oper und in Monte Carlo ihre legendäre Gilda in Rigoletto zu geben, mit der sie vor langer Zeit ihre Karriere begonnen hatte. Sie war die überragende Primadonna des beginnenden zwanzigsten Jahrhunderts gewesen. Mrs. Melba hatte die jugendliche Frische ihrer virtuosen Koloraturstimme von aussergewöhnlichem Umfang (b–f3) bis in ihr damaliges Alter von 65 Jahren, einerseits dank ihrer speziellen Gesangsmethode und andererseits dank ausgewogener Ernährung, bewahren können (die Coupe «Melba» wurde nach ihr benannt).

Felix' Eltern hatten Spillmanns Hansli mit in die Ferien nach Südfrankreich genommen, und die beiden Bengel bezogen im Negresco ihr gemeinsames Zimmer. Jeden Abend gab es auf den Betten erbitterte Ringkämpfe und Kissenschlachten mit Indianergeheul. Aus dem Nebenzimmer vernahmen sie schwach die Vokalisen einer Sängerin. Sie hüpften um so heftiger auf den Matratzen herum und johlten, was das Zeug hielt.

Es war die Diva. Ihre Stimme versagte von jenem Moment an für immer. Sie klopfte an die Wand. Sie bestellte lauwarmes Wasser mit Blütenhonig. Sie beschwerte sich beim Concierge über den Lärm. Die Direktion wurde bemüht. Der Vater wurde gerufen. Die Kinder wurden geohrfeigt. Es half nichts. Die Stimme blieb weg. Mrs. Melba reiste ab und gab im selben Jahr in London vor ihrem Stammpublikum das Abschiedskonzert. Sie zog sich verbittert von der Welt zurück und starb ein paar Jahre darauf in ihrer Geburtsstadt Melbourne.

Heini ist der bewunderte Held. Er darf schon ein Auto lenken. Er hat eine Freundin. Er gehört in die Zwischenwelt, in der alles noch streng geheim ist. Am Sonntag früh nimmt er unter dem Vorwand, den Tank zu füllen, die Autoschlüssel. Hansli und Felix wollen mitkommen und zuschauen. In der City-Garage, wo Vaters Wagen an der Heuwaage geparkt steht, setzt er die Buben in den Fond und braust davon, Richtung Aussenquartiere. Um zehn vor neun parkt er vor einem Wohnhaus unter einer blühenden Linde. Ein Ehepaar in Sonntagskluft verlässt das Haus Richtung Kirche. Heini beschwört die Buben, stillzuschweigen und auf ihn zu warten. Er steigt aus und klingelt an der Haustür Sturm. Keine fünf Sekunden später öffnet eine hübsche junge Dame. Sie zerrt ihn hastig herein. Die Tür geht zu. Oha! Damenbesuch. Alle Achtung! Die Knaben sitzen die folgende Stunde in kolossaler Bewunderung im Auto und warten. Angezogen vom schweren Parfum der Linde summen Tausende von Bienen über ihnen im Geäst.

Wenn Ruth heute vom Haus in Weggis träumt, dann sieht sie eine unendlich grosse Tafel. Es ist eine Art von Abendmahlgesellschaft, die aus ihren Familienmitgliedern besteht. Opa Konditor ist da, die Urgrossmutter sitzt am Kopf des Tisches, und weitere Urmütter besetzen zentrale, wichtige Positionen. Es begegnen sich die Charaktere des heutigen irdischen Lebens und geliebte Verblichene. Sie halten ein Palaver. Sie befassen sich mit Fragen, die sie im Leben nicht beantworten konnten, mit den letzten Dingen. Es ist ein Kommen und Gehen an dieser Tafel im Haus der Begegnung. Es ist immer jemand da.

Wenn Gäste kommen, wenn Freunde dazustossen, dann ist es, wie wenn man aus dem Bild hinaustreten und sich sein eigenes Leben anschauen könnte.

Den Garten im Traum muss man sich selbst erschaffen.

An diese Tafel kann man sich setzen und eine Frage stellen. Immer weiss jemand eine Antwort.

Wenn man lange genug sitzt, dann kann es sein, dass Rudolf Steiner sich dazugesellt oder Buddha.

Für Lucie kommt Paul McCartney. Er will sie für die Beatles als Background-Sängerin engagieren. Lucie in the sky with diamonds. Sie kennt alle Texte, singt alle Melodien. Allen voran die Balladen. Michelle, ma belle, sont des mots qui vont très bien ensemble, très bien ensemble. An dieser Stelle kommen immer die Tränen. I love you, I love you, I lo-ove you. Das meint er so, wie er es singt, mit seinem treuen Blick und den Grübchen in den Wangen.

Sanftmut strahlte Paul aus, mit seinem ebenmässigen Gesicht und der hübschen kleinen Nase. Lucie wurde im Internat Ringo getauft, wegen der Nase. Ringo Starr hatte etwas von einem Schnabeltier.

Daniela träumt von der Fahrstunde in diesem massiven Wagen. Mutter sitzt angegurtet auf der hinteren Bank. Daniela lenkt das schwere Gefährt der Seestrasse entlang nach Weggis. Der Beifahrersitz ist leer. Mutter sagt: «Jetzt pass auf! Gleich kommt ein Baum. Dem musst du ausweichen.» Daniela gibt Gas.
«Ich komme besser zu dir nach vorne und setze mich neben dich. Dann kann ich notfalls die Handbremse ziehen», sagt die Mutter und klettert umständlich über die Mittelkonsole zwischen den Sitzen nach vorne. Im Garten des Parkhotels stand dieser

96

jahrhundertealte Riesenbaum, den man fällen musste, weil man befürchtete, er könnte eines Tages bei einem Sturm brechen und auf das Gebäude stürzen oder Menschen erschlagen. Während Mutter noch am Übersteigen des Polsters ist, fährt Daniela unweigerlich auf den Baum zu, obwohl er sich gar nicht auf ihrer Strasse befindet. Sie weiss, dass sie ihn rammen wird.

Mutter ist seit einigen Jahren tot. Daniela träumt, dass Mama zu ihr ins Zimmer kommt und sagt, es gehe ihr gut. Mutter spricht zu ihr. Daniela steht auf und will sie in die Arme schliessen.

«Das geht nicht mehr, Daniela», sagt Mutter und geht fort.

Zum Greifen nah.

Als es ans Renovieren ging in Weggis, wurde eine Abfallmulde in den Garten gestellt. All das unnütze Zeug, das sich an so einem Ort über die Jahre anhäuft! All dessen konnte man sich jetzt mit einem Mal entledigen: Kaputte Fischernetze, morsche Klappliegen, verstaubte Wachsblumen, die unter ihrem eigenen muffigen Geruch noch immer süssliche Duftspuren von Freds schwerem Parfüm «Gangster» aufwiesen. Womit man jedoch nicht gerechnet hatte war Vaters Konservierungstrieb. Sobald es eindunkelte, stahl er sich hinaus und durchwühlte mit der Taschenlampe den Abfall. Nicht nach Brauchbarem grub er; nach Erhaltenswertem, wie beispielsweise jenen im Verwesungsprozess befindlichen Kunstblumen! Mit vielen anderen Gegenständen wurden diese handschriftlich inventarisiert und im Schrank seines Schlafzimmers versteckt.

Auf Sonntagsfahrt über Land steuert der Familienvater einen Renault. In entgegengesetzter Richtung fahren: Opel, Opel, VW, Borgward, Ford, alles deutsche Wagen, und ein Fiat. Schweigend sitzt die Mutter auf dem Nebensitz. Drei Töchter versuchen im Fond zu schlafen. Feierlich verkündet der Vater: «Wer den Namen dieses Sees weiss, kriegt 20 Rappen von mir geschenkt!» Für 50 hätte sie geraten, aber seit Ruth für 20 Rappen beim Berg, statt Titlis, Rigi gesagt hatte, stellte sie sich bei der Fragerei schlafend. Lucie dagegen brauchte noch genau 20 Rappen für Fri-Fri-Brausepulver am Kiosk.
«Hallwiler See!»
«Falsch.»
«Sempacher!»
«Falsch. Mauensee heisst er!»

Bei allem, was spitz ist und sticht, schüttelt Daniela den Kopf und zieht sich eine Haarsträhne vor die Augen. Wenn sie müde ist, kann sie keine Türfalle sehen ohne den Schutz ihrer Haare vor dem Gesicht. Den silbernen Schwertfisch versteckte sie als Kind hinter dem Sofa. Danielas Beruf besteht aus Stricken, Häkeln, Sticken, Nähen und Schneiden.

Sie sah, wie Franziska den Brieföffner ins Auge kriegte, sah, wie Linda der Haken im Gaumen steckte, und sie setzte sich mit nackten Beinen im Sommerröckchen auf einen hohlen Baumstrunk. Darin war ein Wespennest.

Wandern: Wenn die Seilbahn lautlos im gleissenden Sonnenlicht an dir vorbeischwebt und gespenstisch einen fliehenden Schatten auf das steile Stück Weg vor dir wirft.

Vater singt mit den Töchtern auf der sonntäglichen Wanderung in freier Natur Soldatenlieder. Napoléon avec 300 soldats, ils marchent, ils marchent.

Denkbar wäre aber auch, aus der Geschichte der Spillmann eine Dramatisierung für die Bühne zu schreiben. Ausgangspunkt wäre Rosa Spillmanns Stübli im hinteren Teil des Kaffeehauses am Rheinsprung, in welchem sie arme Künstler und Intellektuelle kostenlos bewirtete. Ein Ensemblestück für etwa zwölf Schauspieler, die sich jeden Tag dort im Hinterstübchen treffen. Jeder würde viele verschiedene Rollen zu spielen haben.

Das dramatische Traumspiel beginnt mit einem ersten Akt in einer Schneelandschaft bei Sturm. Vater Hans-Ueli im Alter des König Lears am Engadiner Skimarathon. Er verirrt sich im Nebel und kämpft einsam im tiefen Schnee gegen sich und die Natur. Der Himmel verdunkelt sich. Er trifft auf einen finnischen Soldaten aus dem zweiten Weltkrieg, der ihm erschöpft in die Arme sinkt. Bevor er stirbt, übergibt ihm der Soldat den Karabiner und beschwört ihn, an seiner Stelle weiterzukämpfen. Die Russen seien in erdrückender Überzahl im Land und lauerten hinter jedem Baum. Es sei jetzt an ihm, die Grenze zu sichern. Aber Hans-Ueli weiss nur eines: Er muss den Weg nach Hause zurückfinden, er muss dort sein Studium fortführen. Ein Deserteur ist er nicht. Vom Bataillon hat er sich entfernt, als ihm Strafe drohte. Als verantwortlicher Offizier war es ihm nicht gelungen, alle Fahrzeuge von den Schneemassen zu befreien und in der Eiseskälte vor Sonnenaufgang fahrtüchtig zu machen. Mit letzter Kraft zieht er voran. Sterbende Soldaten auf seinem Weg muss er im Schnee liegen lassen.

In tiefer Nacht erreicht er die Berghütte. Seine drei Töchter, Gonerill, Regan und Cordelia, empfangen ihn. Sie pflegen ihn, bis er wieder zu Kräften kommt. Der weise Greis bedankt sich bei den Töchtern, indem er sein Königreich aufteilt. Jede soll die Regentschaft über einen Teil erhalten. Um sie zu erproben, legt er ihnen die Frage vor, welche von ihnen ihn am meisten liebe. Gonerill und Regan überbieten sich in ihren Liebesbeteuerungen, während Cordelia, an welcher dem König am meisten gelegen hatte, ihn versuchen will. Sie habe für ihn so viel Liebe übrig, wie ihm gebühre. Lear ist darob derart erzürnt, dass er Cordelia verbannt und sein Reich unter den beiden anderen aufteilt.

Der zweite Akt führt uns einige Jahre zurück in die Vergangenheit. Königbruder Fred probt seine 100. Modeschau. Zu diesem Anlass spielt Maja Sacher-Hoffmann die Hauptrolle in Dürrenmatts «Besuch der alten Dame». Es ist die letzte Anprobe vor dem grossen Auftritt. Sie hat Maria Schell in der letzten Ausscheidungsrunde im Kampf um die Hauptrolle wegen der frappierenden Ähnlichkeit mit der Vorlage im Stück den Rang abgelaufen. Maria Schell wird im Zustand geistiger Umnachtung bei einer Amokfahrt in falscher Richtung durch Einbahnstrassen der Basler Innenstadt von der Polizei gefasst und schreit: «Ich bin Maria Schell. Ich muss dringend zu Fred Spillman!» – Worauf der Beamte die berühmten Worte spricht: «Ob Shell oder Esso. Einbahn ist Einbahn!»

Diese Modeschau wird Freds Lebenswerk krönen. Die Zeit der Haute Couture scheint sich dem Ende zu nähern. Maja Sacher-Hoffmann sitzt erhöht in der Mitte des Salons auf einem Thron, tausendmal vervielfacht durch die vielen Spiegel an den Wänden, in einem weissen Hochzeitskleid und raucht. Damit sie nicht in Flammen aufgeht, näht Fred für die Kettenraucherin einen Aschenbecher ins Kleid ein.

Cordelia, die Tugendhafte, bringt Lear auf den gerechten Pfad der Enthaltsamkeit zurück, als sie ihren Vater, im Bananenröckchen als Josephine Baker getarnt, in den Garderoben der Mannequins vorfindet. Der sonst vor Charakterstärke Strotzende war den satanischen Lockungen seines lasterzüngigen Bruders Fred erlegen. Nach Jahren der Busse, die er als eremitischer Mönch in einer Waldhütte tut, erhebt er Cordelia zu seiner Lieblingstochter.

Nach getaner Arbeit zieht sich Fred in seine Gemächer zurück. Er öffnet zum ersten Mal seit Jahren die dichten Fensterflügel zum Rhein. Er stirbt.

Der dritte Akt spielt im Mittelalter. Es ist die grosse Zeit der Pest. Eine Rattenplage sucht die Stadt heim. Es stinkt der matschige Lehmboden in den Strassen nach Verwesung. Feuersbrünste sind am Horizont sichtbar. Unheil droht. Nicht nur einäugige Krüppel prophezeien jetzt das grosse Erdbeben, auch der weise Schreibmesserleinschmidt Peter Sonnenfro vom gegenüberliegenden Haus am Rheinsprung ist davon überzeugt. Hansli und Fred tragen Törtchen aus. Es gibt naturgemäss noch keine Ausläufer mit Lieferwagen. Sie sind auf dem Weg ins Zunfthaus zum Schlüssel.

Auf dem Kornmarkt ist ein grosser Tumult. Eine aufgebrachte Menschenmenge schwingt zornentbrannt die Fäuste gegen den Verurteilten. Dem Scharfrichter wird ein Junge zur Exekution vor den Toren der Stadt übergeben. Als sie sich nähern, erkennen die Brüder ihren Freund David, den Sohn des Juden. Er soll mit seinem flüchtigen Vater mehrere Brunnen in der Stadt vergiftet haben.

Hansli und Fred stellen sich auf eine Holzkiste. Sie prophezeien Gottes gerechte Strafe für den Fall, dass der Junge zu Unrecht verurteilt worden wäre. In diesem Augenblick fängt die Erde an zu beben. Schreiend rennen die Menschen in alle Himmelsrichtungen davon und lassen erschreckt von David ab.

102

Cordelia, verkleidet als Liza Minelli, erscheint polternd bei Lear in dessen Zahnarztpraxis an der Schifflände. Der alte König war über einem Fotoalbum eingenickt. Ob er bitte mit ihr zusammen noch einmal als Maurice Chevalier auftreten möge? Zu seinem achtzigsten Geburtstag? – Er werde es sich überlegen. Aber erst komme die Pflicht. Eine treue Patientin, die alte Oma Duck, sei zur Konsultation bestellt und habe sich offenbar verspätet. Er habe ein paar Alben von früher hervorgeholt und zum Zeitvertreib darin geblättert.

Am Freitag, den 9. August 1918 ist es bedeckt und windstill bei 14 Grad Celsius. Die Rheinwärme beträgt 17 Grad. Der Rheinpegel liegt bei 1 m 50.

Im Cinema Central an der Falknerstrasse 19 wird ein «grosses Detektiv-Abenteuer» gegeben: «Die Gespenster-Uhr». Eine andere Annonce kündigt einen Vortrag zum Thema «Jesus rechnet ab. Williger Gehorsam oder Vernichtung» für den Nachmittag an. Die Kriegsoffensive der Alliierten im Westen Frankreichs ist im vollen Gang. In ganz Europa tobt der Krieg, zu Land, zu Wasser und in der Luft.